Christian Nawrocki (Hrsg.)
Armin Fuhrer (Hrsg.)

AfD – Bekämpfen oder ignorieren?

Intelligente Argumente von 14 Demokraten

Kellner Verlag
Bremen Boston

Dieses Buch ist bei der Deutschen Nationalbibliothek registriert:
Die bibliografischen Daten können online angesehen werden:
http://dnb.d-nb.de

Nawrocki PR & Communication

Hongkongstraße 7
20457 Hamburg
Telefon: 040 75 66 85 22
info@nawrocki-pr.de
www.nawrocki-pr.de

St.-Pauli-Deich 3 | 28199 Bremen
Tel. 0421 77866 | Fax 0421 704058
sachbuch@kellnerverlag.de
www.kellnerverlag.de

Lektorat: Nawrocki PR & Communication
Layout: Manuel Dotzauer, KellnerVerlag
Umschlag: Jens Vogelsang, Aachen

ISBN 978-3-95651-116-5

Inhalt

Vorwort der Herausgeber

Seit einigen Jahren beschäftigt ein neues Phänomen Politik, Medien und Gesellschaft in Deutschland: die AfD. Zunächst als wirtschaftsliberale und gesellschaftlich stramm konservative Partei unter ihrem Parteigründer Bernd Lucke ins Leben gerufen, erreichte die »Alternative für Deutschland« bei der Bundestagswahl 2013 auf Anhieb beachtliche 4,7 Prozent der abgegebenen Stimmen. Zum Einzug ins Parlament reichte es dennoch nicht aus. Der Zulauf war in erster Linie gespeist aus dem Frust vieler Wähler über die Euro-Rettungspolitik der damaligen Bundesregierung aus Union und SPD. Diese werde unweigerlich zum finanzpolitischen, wirtschaftlichen und sozialen Niedergang der Bundesrepublik führen, unkten die Spitzenleute der Partei – und ihre Anhänger folgten ihnen.

Begleitet wurden diese düsteren Vorhersagen mit gesellschaftspolitischen Vorstellungen, die vieles, was in Deutschland in den vergangenen Jahrzehnten erreicht beziehungsweise durchgesetzt wurde, zurückdrehen wollten. Vorstellungen, die zumeist noch hinter der Euro-Thematik verdeckt blieben und die die Medien gerne als »rechtspopulistisch« bezeichneten. Aber auch, wenn viele ihrer Gegner das behaupteten – eine rechtspopulistische Partei im Sinne des Front National von Marine Le Pen in Frankreich oder der aktuellen polnischen Regierung war die AfD damals nicht. Viele empfanden die Partei als unappetitlich – aber eine ernsthafte Gefahr für Republik, Demokratie und Verfassung war sie gewiss nicht.

Nach der Bundestagswahl erreichte die Krise um den Euro und das europäische Bankensystem sowie mit dem drohenden Staatsbankrott Griechenlands einen neuen Höhepunkt. Doch dann schien sie sich zu beruhigen; das Thema geriet zusehends aus dem Blickfeld von Medien und Öffentlichkeit. Für die AfD, die von dunklen Szenarien und Angstmacherei lebt, eine schlimme Entwicklung. Ihr schien das Thema abhanden zu kommen, das ihr eine gewisse Bedeutung gegeben hatte, mit dem sie den Teil der Bevölkerung mobilisieren konnte, der ohnedies grundsätzlich unzufrieden mit der Politik ganz im Allgemein ist. Die AfD wurde, im Bankenrettungsjargon, abgewertet.

Wieder einmal schien der Kelch an Deutschland vorbeigegangen zu sein. Es dürfe rechts neben der Union keine weitere Partei geben

– das war einst das Credo von Franz Josef Strauß. Und es war ebenso das Credo der anderen Parteien, auch wenn diese sich und anderen das öffentlich nicht so gerne eingestehen mochten. Das zeigte sich im Sommer 2016, als der SPD-Vorsitzende Sigmar Gabriel der CSU vorwarf, sie integriere die Wähler an ihrem rechten Rand nicht genug. Eine bemerkenswerte Aussage, wenn man bedenkt, dass es sonst doch gerne die Klage der Sozialdemokraten ist, die Union laufe rechten Parteien zu sehr hinterher und bediene rechtspopulistische Klischees ihrer Wähler. Solche rechten Parteien hat es in der Geschichte der Bundesrepublik seit ihrer Gründung 1949 immer wieder gegeben, und sie hatten zeitweise einen begrenzten Erfolg: die NPD, die Republikaner, die DVU. Eine Gefahr stellten sie tatsächlich nie dar, weil das politische System, die Demokratie, hierzulande viel zu gestärkt und stabil war. Das gilt übrigens bei aller berechtigten Empörung und allem verständlichen Entsetzen über die Mordtaten auch für die Rechtsterroristen vom NSU. Wenn man Strauß' Forderung so interpretiert, dass keine rechte Partei einen Einfluss auf die Politik in Deutschland haben dürfe, dann wurde sie Jahrzehnte lang erfüllt. Daran haben alle demokratischen Parteien, aber vor allem auch die Zivilgesellschaft mitgewirkt. Ein Erfolg, der zeigt, wie stark das politische Geflecht der Bundesrepublik war.

War? Hat es diese Integrationskraft inzwischen angesichts des Aufstiegs der AFD möglicherweise verloren? Und wenn ja – wie konnte das passieren?

Die Euro-Krise war eine Krise, die die Politik und die Menschen unvermittelt und überraschend einholte. Die Auswirkungen waren und sind im Alltag in Deutschland wenig zu spüren, ganz anders als in anderen EU-Mitgliedsstaaten. Wohl deshalb auch war das Krisenempfinden in Deutschland viel geringer als beispielsweise in Griechenland. Bei den beiden Problemen, die heute im Vordergrund stehen, sieht das ganz anders aus: die Flucht von Millionen Menschen vor Bürgerkrieg, Hunger und Armut, Vergewaltigung und Diskriminierung nach Europa – und vor allem nach Deutschland. Und für den islamistischen Terror, der seit 2015 nicht mehr nur weit entfernte Städte und Länder trifft, sondern der nun mitten in Europa und seit dem Sommer 2016 auch in Deutschland zuschlägt. Auf beide Entwicklungen waren die Menschen hierzulande in keiner Weise vorbereitet; und die Politik anscheinend ebenso wenig. Verunsicherung, Angst, düstere Ahnungen sind die Folgen. Das »Wir schaffen das« der Bundeskanzlerin war, als Hunderttausende

Flüchtlinge nach Deutschland strömten, viel zu wenig, um gegen diese Gefühle wirken zu können. Und es bleibt bis heute vielleicht das größte Manko Angela Merkels, dass sie den Deutschen ihre Politik nicht wirklich verkauft. Schon die »Alternativlosigkeit«, die sie bei der Bankenrettung beschwor, war einfach zu wenig; sie wirkte auf viele wie ein Denkverbot. Und auch danach ist der Kanzlerin nicht viel eingefallen.

Inzwischen nutzen AfD-Anhänger in einer mittlerweile teils völlig enthemmten Sprache die sozialen Medien und die Kommentarspalten der News-Portale, um sich Gehör zu verschaffen. Sie sprechen ganz offen unter Nennung ihres Namens vom »Merkel-System« oder der »Merkel-Diktatur« (dass die Verwendung solcher Begriffe für die Regierung einer demokratisch gewählten Kanzlerin auch ein Ausdruck deutscher Bildungsmisere ist, sei nur am Rande erwähnt). Warum auch nicht, fragen sich manche dieser Hasskommentatoren – hat nicht auch Horst Seehofer, Vorsitzender der »Systempartei« CSU, vom »Unrechtsstaat« Deutschland gesprochen? Ein Begriff, den wir gewöhnlich für das Dritte Reich oder auch die DDR verwenden, für Nordkorea oder China.

Die AfD greift diese Stimmungslage auf, und zwar genauso hemmungslos, wie Teile ihrer Anhängerschaft eine verrottete Sprache im Internet benutzen. Sie agiert in einer Zeit, in der viele Menschen durch die zunehmende, auf sie zügellos wirkende Globalisierung stark verunsichert sind. Auch islamistischer Terror und Flüchtlingskrise sind letztlich Ausdruck dieser Globalisierung. Sie betreffen die Menschen in Deutschland aber viel direkter als die Euro-Rettung. Hinzu kommt eine diffuse Anti-Haltung gegen beinahe alles, was unsere Demokratie ausmacht.

Die AfD reagierte, als ihr die Euro-Felle wegzuschwimmen drohten, ebenso schnell und geschickt wie perfide: Sie wechselte zunächst in einem beispiellosen Akt, der jede der »Systemparteien« zurecht einen großen Teil ihrer Wählerschaft kosten würde, ihre Führung aus (die Abspaltung des »liberalen« Flügels um Parteigründer Bernd Lucke stellte sich als lässlicher Kollateralschaden heraus) und schoss sich dann auf die neuen Probleme ein, wohlwissend, dass sie reiche Ernte würde einfahren können. Was folgte, war eine rasante Richtungsverschärfung von halbrechts nach rechts. Durch diese Entwicklung kamen Kräfte in der AfD ans Tageslicht, die bis dahin eher im dunklen Sumpf verborgen waren: rechtspopulistische, völkische, rassistische, antisemitische, antiamerikanische und vor allem antiislamische. Inhaltliche und persönliche Überschneidungen zur Pegida-Bewegung, zur NPD oder zu den »Identitären« häufen sich. Eine Entwicklung, deren Ende nicht abzusehen ist.

Diese neue Strategie ist zumindest zunächst erfolgreich. Bei den Landtagswahlen im Frühjahr 2016 erreichte die Partei zweistellige Ergebnisse; in Sachsen-Anhalt kam sie fast auf ein Viertel aller Wählerstimmen. Ob die AfD auf diesem Erfolgskurs bleiben kann, wird sich noch zeigen. Zwar haben ihr peinliche Fehltritte wie der der Berliner Landesvorsitzenden Beatrix von Storch nicht geschadet – sie forderte zunächst, auf Flüchtlinge an den Grenzen notfalls zu schießen – ausdrücklich schloss sie auch Kinder und Frauen ein –, um dann zu erklären, sie sei bei der Formulierung dieser Forderung auf der Maustaste ihres Computers ausgerutscht. Die Möglichkeit, dass die Partei sich für eine große Schar ihrer derzeitigen Anhänger dann doch zu weit nach rechts bewegt, ist nicht auszuschließen. Das zeigte der desaströse Fehltritt des Stellvertretenden Bundesvorsitzenden Alexander Gauland. Er, ein einstmals angesehener konservativer Journalist, behauptete kurz vor der Fußball-Europameisterschaft im Sommer 2016 in Frankreich, die Deutschen fänden zwar, dass Bayern-Star Jérôme Boateng ein toller Fußballspieler sei – aber als Nachbarn wollten ihn viele nicht haben. Als sich ein Shitstorm erhob, musste Gauland zurückrudern. Erst behauptete er, den Satz habe er so nicht gesagt; dann gab er an, nicht gewusst zu haben, dass Boateng, dessen Vater aus Ghana stammt und dessen Mutter eine Deutsche ist, in Berlin geboren sei und den deutschen Pass besitze.

Zugleich versucht die Partei, sich immer stärker als die Vertreterin der »kleinen Leute« aufzuspielen, die sich von der etablierten Politik (keineswegs immer zu Unrecht) vernachlässigt fühlen. Ein Vergleich mit der österreichischen FPÖ, zu der AfD-Chefin Frauke Petry demonstrativ die Nähe sucht, zeigt, wie wenig stichhaltig diese Behauptung ist. Denn während die FPÖ (deren Aufstieg die Chefredakteurin der renommierten Wiener Tageszeitung »Standard«, Alexandra Föderl-Schmid, in diesem Buch nachzeichnet), die inzwischen den großen Teil der österreichischen Arbeiterschaft hinter sich hat, die linken Parteien in ihren sozialen Forderungen teilweise noch links überholt, hat sich die AfD in keiner Weise von ihren marktradikalen Positionen der Anfangszeit verabschiedet. So votieren die »kleinen Leute« – um nur ein Beispiel zu nennen – für die Abschaffung des Mindestlohns, von dem sie in Wahrheit sehr profitieren, wenn sie die AfD wählen. Die Vermutung liegt nahe, dass eine solche Reaktion eigentlich »linker« Wähler auch auf die Tendenz zurückzuführen ist, dass die linken Parteien sich in den vergangenen Jahren zusehends immer stärker um die Rechte der verschiedensten kleinen, aber medial lautstarken Minderheiten gesorgt und ihre eigentliche Klientel vernachlässigt, wenn nicht vor den Kopf gestoßen haben.

Die AfD soll hier nicht mit der NSDAP gleichgesetzt werden. Davon ist sie ein gutes Stück entfernt – und unzulässige Vergleiche helfen ihr nur, sich als Opfer und Ausgegrenzte der Gesellschaft aufzuspielen. So schreibt der Vorsitzende der LINKEN-Fraktion im Bundestag, Dietmar Bartsch, in seinem Beitrag, die AfD habe nicht den Charakter einer faschistischen Partei (aber diese Partei ist ohne Zweifel immer weiter auf dem Weg nach rechts). Was an dieser Stelle verglichen werden soll, ist der Aufstieg der beiden Parteien und der politische und soziale Hintergrund. In den Medien ist heute oft zu lesen, die derzeitige Situation erinnere an das Jahr 1933 (Hitlers »Machtergreifung«) oder an das erdrutschartige Wahlergebnis der Nationalsozialisten bei den vorgezogenen Reichstagswahlen vom September 1930, bei denen sie mit 18,3 Prozent hinter der SPD urplötzlich die zweitstärkste Kraft im Reichstag waren – nachdem sie bei den vorangegangenen Wahlen zwei Jahre zuvor noch eine Splitterpartei gewesen waren. Vergessen wird aber regelmäßig, dass dieser »Erdrutsch« eine Vorgeschichte hatte – nämlich verschiedene Landtagswahlen 1929/30, bei denen die NSDAP deutlich steigende Ergebnisse für sich verbuchen konnte, ehe sie zum großen Sprung in den Reichstag ansetzte. Die NSDAP war nicht plötzlich am Wahltag da, ihr Aufstieg hatte sich zuvor angekündigt. Und er vollzog sich zeitgleich mit den wachsenden sozialen Problemen der Weimarer Republik, die verbunden waren mit einem steigenden Unsicherheitsgefühl. Die Demokraten fanden damals kein Mittel, um die braune Flut aufzuhalten. Allerdings war der gesellschaftliche, soziale und wirtschaftliche Hintergrund auch ein ganz anderer als heute. Vor allem gibt es in Deutschland heute eine robuste Wirtschaft, während es ab 1929 eine schlimme Wirtschaftskrise gab, die viele Menschen in Leid und Elend stieß. Die Weimarer Republik war zudem von Beginn an eine schwache Demokratie, anders als die bundesdeutsche. Diese Unterschiede lassen Beobachter – auch Autoren dieses Buches – hoffen, die AfD sei wie ihre

Vorgängerparteien nur ein zeitweiliges Problem, das wieder verschwinden werde.

Wie schon gesagt, AfD ist nicht gleich NSDAP. Aber was sie schon heute an braunem Gedankengut zutage fördert, muss eine Demokratie zwar aushalten, aber nicht ertragen oder akzeptieren. Zumindest sollten Demokraten alles tun, um den Einzug dieser Partei in den Bundestag zu verhindern.

Aber wie soll das gelingen angesichts von Problemen, die immer komplizierter werden und für die es nicht die einfachen Lösungen (»Euro abschaffen«, »Grenzen dicht«) gibt, die die AfD den Wählern vorgaukelt? Wie soll man die AfD-Forderungen als Schaumschlägerei entlarven, wie ihre Wähler davon überzeugen, dass ihre Scheinlösungen gar keine Lösungen sind? Wie die vielen haltlosen Forderungen, Verschwörungstheorien (»Lügen-Presse«, »Wir sind die Opfer«, »Merkel-Diktatur«) widerlegen und damit die AfD-Wähler wieder für demokratische Parteien und konsensuale Lösungen zurückgewinnen? Das sind Fragen, die sich an die Politik, die Medien und die Zivilgesellschaft richten. Die Zivilgesellschaft aber sind wir alle, jeder Einzelne von uns. Ein Problem ist dabei, dass viele AfD-Wähler für rationale Argumente (im Moment) offenbar gar nicht zugänglich sind. Diesen Zustand wieder zu ändern, ist eine Grundvoraussetzung dafür, dass die AfD eines Tages den Weg ins politische Nichts geht.

Die Beiträge in diesem Buch sind von Politikern (von CDU bis DIE LINKE), Journalisten und Vertretern der Zivilgesellschaft verfasst. Es sind, ganz so, wie der Untertitel des Buches sagt, »intelligente Argumente von Demokraten«. Von klugen Demokraten, die nur eben eines nicht haben und nicht haben können, weil es sie nicht gibt: eine Patentlösung. Ob ihre Vorschläge, Ideen und Argumente fruchten, ob neue hinzukommen werden – das wird die Zukunft zeigen. Die Autoren setzen sich mit all den gerade genannten und noch anderen Fragen und Problemen auseinander. So glauben der Grünen-Fraktionschef im Bundestag, Anton Hofreiter, und seine Parteifreundin Gesine Agena, dass die demokratischen Parteien sich wieder stärker um Inhalte streiten müssten, um den Wählern echte Alternativen zu bieten. Dann brauche es keine »Alternative für Deutschland«. Demgegenüber glaubt Peter Radunski – viele Jahre lang Helmut Kohls erfolgreicher Mann für die Wahlkämpfe –, die demokratischen Parteien (SPD und Grüne!) müssten der AfD in Ländern und Kommunen Koalitionen anbieten, um sie so zu entzaubern. SPD-Vizechef Ralf Stegner fordert, die anderen Parteien müssten gegenüber der AfD klar Stellung beziehen, nicht ihr inhaltlich entgegenkommen. Der Chef des Meinungsforschungsinstituts Forsa, Manfred Güllner, sieht eine Mitschuld für den Aufstieg auch bei den Medien. Dietmar Bartsch schließlich ist der Ansicht, ein Grund für den Aufstieg der AfD sei die »vorsichtige Modernisierung« der CDU der vergangenen Jahre, die National- und Rechtskonservativen ihre politische Heimat genommen habe.

Machen wir uns nichts vor: Die Lage in Deutschland im Jahr 2016 ist angespannt wie schon lange nicht mehr. Die Aufnahme vieler Flüchtlinge aus einem anderen Kulturkreis bietet vielen Menschen Anlass zu großer Sorge, genauso wie der islamistische Terror. Die Welt um uns herum ist unruhiger geworden, viele Probleme, die weit weg schienen, spielen sich nun vor unserer Tür ab. Der Zustand der Medien, einer wichtigen Säule der Demokratie, kann nicht zufriedenstellen, die Politik wirkt häufig überfordert (zum Teil zu Recht, zum Teil hat sie aber auch schnell und durchaus kompetent auf neue Herausforderungen reagiert). Europa steht in der Kritik. Gleichwohl: Deutschland ist ein stabiles Land, das in aller Welt bewundert und beneidet wird, ganz gleich, was Rechtspopulisten hierzulande behaupten. Trotzdem hat die frühere Präsidentin des Zentralrates der Juden, Charlotte Knobloch, Recht, wenn sie schreibt, dass sich Deutschland derzeit in einer Bewährungsphase befinde. Jetzt sei es an der Zeit, diese Probe zu bestehen.

Und was die AfD angeht: Sie ist nicht eine »Alternative für Deutschland« – sie ist eine »Alternative zu Deutschland«. Zu dem Deutschland, wie es die Demokraten seit 1949 in zähem und oftmals sehr kontroversem Ringen um den richtigen Weg aufgebaut haben: tolerant, liberal, offen, wirtschaftlich weltweit verflochten und erfolgreich, freundlich, international, hilfsbereit, klug. Ein Land, das sicherlich nicht perfekt ist und (je nach Standpunkt des Betrachters) seine Fehler hat. Ein Land, das durch Kritik und demokratische Auseinandersetzung von FDP bis Linkspartei, von den Gewerkschaften bis zu den Arbeitgebern, von den Nichtregierungsorganisationen bis zu den Bürgerinitiativen stärker wird und wächst. Ein Land, das sich ständig bewegt, verändert und auch mal Rückschläge einstecken muss. Ein Land schließlich, für das es sich einzusetzen lohnt gegen diejenigen, die es so, wie es ist, abschaffen wollen.

Christian Nawrocki • Armin Fuhrer
Hamburg und Berlin im Juli 2016

Gesine Agena und Anton Hofreiter

Ein Weckruf, der gehört werden muss

Die österreichischen Bundespräsidentenwahlen haben einmal mehr gezeigt, wie stark der Rechtspopulismus in Europa auf dem Vormarsch ist. Lange haben viele in Deutschland gehofft, dass uns diese Entwicklung erspart bleibt.

Doch schon kurz vorher, mit den Landtagswahlen in Rheinland-Pfalz, Sachsen-Anhalt und Baden-Württemberg wurde klar: Dem ist nicht so. Die Wahlen bedeuten eine erhebliche Verschiebung der politischen Landschaft. Mit der AfD sind nun auch wir mit einer rechtspopulistischen Partei konfrontiert, der der Einzug in Parlamente dauerhaft gelingt. Deutschland hat sich damit in trauriger Weise an eine europäische Normalität angepasst.

Der Zuspruch für diese Partei ist besorgniserregend. In Sachsen-Anhalt ist sie zweitstärkste Kraft geworden, in Rheinland-Pfalz und in Baden-Württemberg – zwei westdeutschen Flächenländern – mit zweistelligen Ergebnissen drittstärkste. Nun ist die AfD in acht Landtagen vertreten.

Die AfD verfolgt quer durch ihr Programm ultrakonservative, nationalistische, zum Teil völkische, diskriminierende und inhumane

Ziele. Sie schürt Ängste und vergiftet mit gezielten Provokationen und Vorurteilen bis zu offener Hetze unser gesellschaftliches Klima. Ihr Weltbild missachtet die Menschenwürde, es ist durchzogen von der Abwertung anderer Lebensstile, sexueller und geschlechtlicher Identitäten, Religionen, Kulturen und Ethnien. Die AfD verfolgt die gefährliche Vorstellung eines kulturell und ethnisch homogenen deutschen »Volkes«. Zusammen mit Pegida befeuert die AfD eine radikale Stimmung, in der Brandstiftung, Morddrohungen und Gewalt gegen Menschen zur Tagesordnung gehören.

Man kann nun zu Recht darauf verweisen, dass immerhin 80 Prozent der Menschen nicht die AfD gewählt haben. Man kann hoffen, dass die AfD von selbst wieder verschwindet, wie es Union und Teile der SPD tun. Oder darauf, dass die AfD an ihren inneren Spaltungs- und Spannungslinien zerbricht und damit ihren Abstieg in die Bedeutungslosigkeit selbst vorantreibt.

Wir sind jedoch der Ansicht, dass wir eine tiefere Auseinandersetzung mit diesem neuen Phänomen brauchen. Denn der europäische Vergleich zeigt: Es kann den Rechtspopulist*innen gelingen, sich auf Dauer zu etablieren. Deutschland war bisher nicht die Regel, sondern die Ausnahme. In fast allen europäischen Staaten haben sich rechtspopulistische Parteien erfolgreich etabliert. Ein Absturz, wie ihn in den Neunzigern zum Beispiel die Republikaner nach zwei Einzügen in den Landtag von Baden-Württemberg erlebten, ist keineswegs vorprogrammiert.

Der Erfolg der AfD – wie auch anderer rechtspopulistischer Parteien – erwächst aus dem Zusammenführen zweier Wähler*innengruppen. Zum einen des harten reaktionären bis rassistischen Kerns, den es auch in Deutschland gibt. Das belegen seit Jahrzehnten zahlreiche Studien. 5,6 Prozent der deutschen Bevölkerung haben ein geschlossen rechtsextremes Weltbild und 18,1 Prozent sind ausländerfeindlich. Und zum anderen aus denen, die Angst haben vor dem eigenen Abstieg und Wut verspüren gegenüber den Umständen oder den politischen Verhältnissen und etablierten Parteien. Diese Wut kanalisieren sie (durch die AfD und andere Rechtspopulist*innen) in die Ausgrenzung von »den anderen«: Flüchtlinge, Muslim*innen oder Ausländer*innen.

Die AfD wird deshalb keineswegs automatisch verschwinden, wenn sich die flüchtlingspolitische Debatte beruhigt. Denn die neuen rechten Parteien in Europa wollen nicht nur gegen Flüchtlinge Zäune hochziehen, sondern auch gegen den Islam, die Globalisierung, gegen Brüssel, eigentlich gegen alles, das sie als »das Andere« im Gegensatz zum von der AfD konstruierten angestammten deutschen Volk mit seiner angeblich homogenen Kultur des christlichen Abendlandes brandmarkt. Diesen Kurs hat die AfD auf ihrem Parteitag in Stuttgart eingeschlagen. Mit ihrem neuen Anti-Islam-Kurs will die AfD die Gesellschaft spalten, indem sie mit Aussagen wie »Der Islam gehört nicht zu Deutschland« auf populistische Eskalation setzt. Auch spricht sich die AfD für einen Rückzug Deutschlands aus der EU aus, sollte diese sich nicht reformieren. Für derartige Forderungen gibt es auch in unserer Gesellschaft einen Resonanzraum. Hinzu kommt die Angst vor Veränderungen im Inneren. Eine offene, vielfältige Gesellschaft mit einem liberalen Staatsbürgerschaftsrecht, der Gleichberechtigung der Geschlechter und der Ehe für alle wird zwar getragen von einer übergroßen Mehrheit. Aber auch hier gibt es eine gar nicht so kleine Minderheit, der das neue moderne Deutschland nicht in ihre enge, biedere Weltansicht passt. Ein Blick nach Frankreich zeigt, dass die Rechten mit diesen Themen sehr erfolgreich sein können.

Der Aufstieg rechtspopulistischer Parteien in Europa und nun auch in Deutschland muss alle Demokrat*innen aufrütteln. Die verschiedenen Ansätze der letzten Monate, den Zuspruch zu dieser Partei zurückzudrängen, waren nicht erfolgreich. Weder die Übernahme von manchen ihrer Forderungen und ihrer Tonlage durch Teile von Union und SPD noch ihre Dämonisierung als eine antidemokratische, rechtsradikale »NPD light« noch der Versuch, ihre Positionen inhaltlich zu entkräften, hatten bisher Erfolg.

Wir möchten fünf Lehren aus den beschriebenen Entwicklungen ziehen.

I. Die AfD stellen

Tabuisierende Ausgrenzung hat sich als Strategie nicht bewährt, dazu sind viel zu viele der AfD-Argumente in den Mainstream eingesickert und nun durch Wahlen zumindest vorerst als repräsentativ legitimiert. Die AfD inszeniert sich erfolgreich als Opfer einer Meinungsdiktatur, als Stimme des gesunden Menschenverstandes, gegen ein vermeintliches Meinungskartell aller Parteien und Medien. Dieser Inszenierung darf kein Futter gegeben werden, indem man die Positionen der AfD als pauschal rassistisch darstellt.

Die AfD gibt sich auf der Ebene ihrer Spitzenpolitiker*innen zum Teil harmlos, bieder, bürgerlich-konservativ. Sie behauptet im

Grunde nur ehemals konservative Positionen der Union zu bedienen. Zu einem kleinen Teil mag das stimmen. Doch der Blick in Programm, Mitgliedschaft und Anhängerschaft zeigt: Die AfD ist in der Breite mindestens national-konservativ oder deutschnational, in Teilen geht die Partei klar ins rechtsextreme Spektrum über. Auch nach Bernd Luckes Abgang aber bleibt die mediale Präsenz von halbwegs »bürgerlich« daherkommenden Personen bestimmend. Das erreichbare Wählerpotential ist beträchtlich, auch durch diese Camouflage. Auch weit radikalere Unterstützer wie etwa Jürgen Elsässer, Herausgeber der Zeitschrift »Compact«, die Pegida-Bewegung oder das Institut für Staatspolitik des neurechten Intellektuellen Götz Kubitschek spielen dieses taktische Spiel mit, obwohl sie viel weiter gehende Ziele verfolgen. Es herrscht Arbeitsteilung und ein klares Bewusstsein für schrittweise zu erzielende Gewinne. Gezielte Provokationen sind Teil der Strategie, danach wird zurückgerudert und die moderate Pose wieder eingenommen. Eine schrittweise Verschiebung des Sagbaren, des politischen Diskurses nach rechts wird so erreicht. Als Gegenstrategie hilft die schrille und lautstarke Tabuisierung nur bedingt. Sie ist teilweise sogar kontraproduktiv, denn sie spielt der Strategie der Rechtspopulist*innen in die Hände. Man sollte vielmehr den radikalen Hintergrund so oft wie möglich aufzeigen und auf der Sach- und Werteebene entgegentreten. Denn anders, als das Selbstbild der AfD als »Stimme des Volkes« es behauptet: Diese Positionen sind in Deutschland nicht mehrheitsfähig. Diese Auseinandersetzung müssen alle Demokrat*innen suchen.

Für Grüne heißt es offensiv und werteorientiert Stellung zu beziehen: für eine humane Flüchtlingspolitik, für Gleichstellung, Antidiskriminierung, Frauen- und Genderpolitik, für ein solidarisches Europa, für den Platz aller Religionen in Deutschland.

Wenn das AfD-Ergebnis etwas Gutes hat, dann hoffentlich, dass die etablierten Parteien sich wieder offener und engagierter für unsere Werte einsetzen, anstatt sich zurückzulehnen und den Rechtspopulist*innen das Feld zu überlassen. Nicht mit der AfD in die politische Debatte in den Medien zu gehen, ist deswegen grundfalsch. Schweigen ist keine Strategie, sondern Kapitulation. Wer die freiheitliche Demokratie verteidigen will, muss diese Debatte um die Grundwerte des gesellschaftlichen Zusammenlebens mit den Rechtspopulist*innen führen.

II. Die politische Debatte schützen

Über alle Themen kann und muss in einer liberalen, offenen Gesellschaft gestritten werden, aber auf Grundlage der Würde des Menschen, mit Argumenten und mit Differenziertheit. Diesen demokratischen Diskursraum verlässt, wer rassistische Stereotype bedient und die Stigmatisierung von Minderheiten betreibt. Diesen Boden verlässt auch, wer den rechten Diskurs des Ausnahmezustands bedient, so wie das Horst Seehofer mit seinem Gerede von Notwehr und Herrschaft des Unrechts tut. Damit redet er all jenen nach dem Mund, die glauben, nun Recht und Ordnung in die eigenen Hände nehmen zu müssen. Wohin das führt, zeigen die brennenden Flüchtlingsunterkünfte überall in Deutschland nur zu deutlich. Hier müssen alle Demokratinnen und Demokraten klare Grenzen ziehen.

Andersherum muss aber auch die Kritik differenziert ausfallen: Tabubrüche und Hetze müssen klar als solche benannt werden. Aber nicht alles, was einem nicht passt, ist deswegen rassistisch oder rechtsextrem. Wer eine andere Flüchtlingspolitik fordert, seien es Obergrenzen oder Rückführungen, der hat harte Kritik in der Sache, aber nicht den Vorwurf des Rassismus verdient.

Und nicht nur die Rechten beherrschen das populistische Foulspiel, linke Populist*innen sind da leider oft nicht anständiger. Wer unterschiedslos auf die politischen Eliten und die angeblichen Einheitsparteien, das Brüssel der Bürokraten und die neoliberale Einheitspresse eindrischt, der betreibt ein ähnliches Spiel wie die Rechtspopulist*innen. Kritik an unseren demokratischen Institutionen, einschließlich der Presse, ist notwendig und auch gewünscht. Aber sie muss differenziert ausfallen.

Vernünftige Argumente brauchen meist mehr Platz als das platte »Ausländer raus« der Rechtspopulist*innen und Rechtsextremen. Fast jede Politikerin und jeder Politiker, fast jede Journalistin und jeder Journalist ist gefordert, sich diesen Platz für Argumente zu nehmen und den anderen diesen Raum auch zuzumuten.

III. Alternativen bieten

Echte Demokratie lebt von Alternativen und politischem Streit. Angela Merkel hat mit ihrem Diktum der Alternativlosigkeit den Rechtspopulist*innen in dieser Hinsicht einen roten Teppich ausgerollt. »Alternative für Deutschland« – schon im Parteinamen steckt die Reaktion der Rechtspopulist*innen auf dieses Diktum.

Politik ist aber keine andere Form der Grundrechenarten und deswegen nie alternativlos. Weder der Umgang mit Flüchtlingen noch die Schwarze Null oder die Euro-Rettung. Rechte und linke Parteien bieten unterschiedliche Antworten – also Alternativen – auf diese Fragen. Sie alle haben unterschiedliche Lösungen für gesellschaftliche Probleme zu bieten, also verschiedene Alternativen. Dieses deutlich zu machen und auch verständlich darzulegen, gräbt der AfD das Wasser ab. Das ist somit nun die vordringlichste Aufgabe der demokratischen Parteien. Nichts wäre gefährlicher als eine dauerhafte »AfD gegen den Rest«-Aufstellung.

Der Konsens der Demokrat*innen ist nur selten ein Wert an sich. Wenn Flüchtlingsheime brennen, dann ist es wichtig, dass alle demokratischen Kräfte so etwas als Verbrechen bezeichnen. Aber in der Demokratie braucht es politische, echte Alternativen. Sonst ist sie eine leere Hülle, und wir könnten die Geschicke dieses Landes gleich in die Hände von einigen wenigen Expert*innen legen.

Wir sehen deshalb auch unsere Partei gefordert, die Unterschiede wieder klarer herauszustellen. Diese Aufgabe wird dadurch erschwert, dass der Einzug der AfD in die Parlamente die Mehrheitsbildung verkompliziert. Man sieht das bereits in Rheinland-Pfalz, Baden-Württemberg und Sachsen-Anhalt. Aber eine Österreichisierung der deutschen Politik, in der de facto nur noch wenig unterscheidbare Mitte-Koalitionen miteinander konkurrieren, wäre der ideale Nährboden für eine weitere Etablierung der AfD.

Es muss gelingen, dass die AfD nicht als einzige »Alternative« wahrgenommen wird. Opposition darf kein Monopol der Rechtspopulist*innen sein. Denn Hass, Rassismus und der gesellschaftliche Rückmarsch in vormoderne Zeiten sind nun einmal keine echten Alternativen.

IV. Den sozialen Zusammenhalt unserer Gesellschaft sichern

Viele, die bei »Gida-Demos« mitmarschieren, die bei der AfD ihr Kreuz gemacht haben, fühlen sich benachteiligt. Besorgniserregend ist jedoch allemal, dass die AfD bei den letzten Landtagswahlen bei den sozioökonomischen Gruppen der Arbeiter*innen sowie bei den Arbeitslosen stärkste Kraft wurde (mit Ausnahme der Arbeiter*innen in Rheinland-Pfalz, hier liegt die AfD knapp hinter der SPD) – und das, obwohl sie gegen diese Gruppen Politik macht. So erklärt die AfD zwar, dass sie vor allem Mittel- und Geringverdiener*innen finanziell entlasten will, allerdings würden am Ende von ihren Vorschlägen nur Besserverdienende profitieren. Denn die drastischen Steuersenkungen für Menschen mit höherem Einkommen sollen vor allem durch Kürzungen im Bereich Soziales, Rente und anderen öffentlichen Leistungen ermöglicht werden. Auch Alleinerziehende würden wohl ihre ohnehin schon prekäre Unterstützung verlieren, denn die AfD sieht allein in dem Zusammenleben von Vater, Mutter und Kindern die »Keimzelle der Gesellschaft« und damit eine förderungsberechtigte Lebensform.

Hinzu kommt, dass unter anderem die »Mitte-Studien« der Universität Leipzig zeigen, dass die AfD auf dem Nährboden einer Stigmatisierung der Armen gedeiht. Sie ist also in doppelter Hinsicht ein Produkt des Neoliberalismus und der sozialen Spaltung unserer Gesellschaft.

Entscheidend ist dabei, dass die Einschätzung vom Abgehängtsein Resultat eines unzweifelhaften Befundes ist: In kaum einem anderen reichen Land hängen die Bildungs- und Aufstiegschancen so sehr von der sozialen Herkunft ab wie in Deutschland. Das Versprechen der Sozialen Marktwirtschaft, durch eigene Leistung ein besseres Leben zu erreichen, löst unser Wirtschaftssystem häufig nicht ein. Chancen, Einkommen und Vermögen sind höchst ungleich verteilt, und diese Verteilung ist zementierter als anderswo. Die Globalisierung und in Teilen auch die Europäisierung der letzten zwei Jahrzehnte hat neben vielen Gewinner*innen auch Verlierer*innen produziert. Das ist Zündstoff in der europäischen und deutschen Gesellschaft. Wer diesen Umstand nicht ernst nimmt, wird an der Stimmung im Land nur schwer etwas ändern können.

Wer effektiv gegen Rassismus und Menschenfeindlichkeit eintreten will, muss sich also auch der Verteilungsfrage stellen. Dabei geht es um Chancen, Vermögen und Einkommen. Doch weite Teile der deutschen Politik fürchten die Verteilungsfrage wie der Teufel das Weihwasser. Doch wer etwas gegen die AfD tun will, der sollte sich auch für bessere Schulen, für gleichen Lohn für gleiche und gleichwertige Arbeit, für eine gerechtere Besteuerung von Vermögen und höhere Einkommen für die Geringverdiener*innen einsetzen.

V. Mut statt Wut

Politik legitimiert sich durch die Qualität ihrer Lösungen. Wer Flüchtlingen, wie es Union und SPD fordern, aber bis zu zehn Euro für ihre Integrationskurse – von denen es dazu noch viel zu wenige gibt – abknöpfen will und sich dadurch Abschreckung erhofft, der liefert schlechte Qualität und trägt zu einer Lösung wenig bei. Er untergräbt das Vertrauen in politische Handlungsfähigkeit, indem er Scheinlösungen als echte Alternativen verkauft. Die Große Koalition hat mit ihrer Zerstrittenheit erheblich zur Verunsicherung der Menschen beigetragen und damit der AfD in die Hände gespielt.

Dass es Probleme in der Flüchtlingspolitik gibt, ist offensichtlich. Ertrinkende Frauen, Männer und Kinder im Mittelmeer, die schrecklichen Zustände an vielen Grenzen und die schleppende Bürokratie in Deutschland sind die grausame Realität, für die es tragfähige Lösungen dringend benötigt. Aber gerade was die Unterbringung und Aufnahme Hunderttausender Flüchtlinge anbelangt, so leistet Deutschland vielfach Großartiges. Es ist den vielen Ehrenamtlichen, einer größtenteils funktionierenden Bürokratie sowie dem Einsatz von Polizist*innen zu verdanken, dass viele Geflüchtete ein menschenwürdiges Ankommen in diesem Land gefunden haben. Bei allem offensichtlichen Verbesserungsbedarf sollten wir dies immer wieder als Gegenargument für die These der angeblichen Überforderung nennen.

Politik ist dazu da, Sorgen und Ängste der Menschen aufzunehmen, sie zu verringern und Probleme zu lösen. Rechtspopulist*innen, wie die AfD, wählen dafür allein die Strategie der Abschottung und Abschreckung. Das ist in einer komplexen Welt jedoch eine zu schlichte Antwort, erst recht, wenn man Menschenrechte und die Herrschaft des Rechts ernst nimmt. Deswegen ist eine Strategie, basierend auf den Regeln des internationalen Flüchtlingsschutzes wie auch der gesteuerten Migration, der Integration, der Kooperation mit den europäischen Partnerländern und unseren Anrainerstaaten, deutlich vielversprechender. Diese komplexe Aufgabe bedarf jedoch vor allem eines: Geduld. Die ist zurzeit dünn gesät bei vielen Menschen, nicht nur bei Horst Seehofer.

Dietmar Bartsch

Die »Dagegen-Partei«

Die AfD ist ein Krisensymptom, und wir müssen überlegen, wie wir die Krise lösen

Viele Fragen, die sich zum Umgang mit der AfD stellen, lassen sich nur sinnvoll erörtern, wenn man ein Bild von dieser Partei hat, von ihrer Ideologie, von ihrer praktischen Politik und theoretischen Grundlagen, von den politischen Gruppierungen in ihr und ihren grundsätzlichen politischen Ziel- und Gesellschaftsvorstellungen. Zudem muss in Bezug auf den Umgang mit der AfD die Frage näher beleuchtet werden, an welche Wählerinnen und Wähler sie sich wendet, welche Erwartungen so geweckt oder welche Erwartungen unter den Bürgerinnen und Bürgern offenbar der AfD gegenüber gehegt werden. Oder übersetzt: Man sollte es sich im Umgang mit der AfD nicht zu leicht machen, sondern diese Partei – an der ich nahezu alles ablehne, was sie hervorbringt und wofür sie steht – wie eine politische Partei, also einen politischen Konkurrenten annehmen und ihr entsprechend begegnen. Da sie diametral andere Werte und Inhalte als DIE LINKE vertritt, muss und wird unsere Auseinandersetzung mit den Rechtspopulisten hart und unmissverständlich sein.

Rechtspopulismus – eine europäische Normalität in Deutschland?

Ein Gesellschafts- und Wählerpotenzial, das eine rechtspopulistische Partei in ausreichendem Maße tragen könnte, gibt es in Deutschland schon seit langem. Langzeitstudien zu Struktur und Verbreitung rechter Einstellungen stützen diese Behauptung. Klärungsbedarf besteht hinsichtlich der Frage, welche Ereignisse es möglich gemacht haben, dass sich eine rechte Partei formieren konnte, die im Unterschied zu früheren Versuchen mobilisierungsfähig ist. Oftmals wird in Bezug auf die AfD davon gesprochen, dass mit ihrer – vorläufigen – parlamentarischen Etablierung eine europäische Normalität in Deutschland Einzug gehalten hätte. In vielen Mitgliedsstaaten der Europäischen Union (EU) gibt es seit Jahrzehnten mal mehr, mal weniger erfolgreiche rechtspopulistische Parteien mit Parlamentsvertretungen. Sieht man einmal von regionalbezogenen und zeitlich begrenzten Phänomen wie den Republikanern, der Schillpartei in Hamburg oder rechtsextremen Formationen wie der DVU in Brandenburg und Sachsen-Anhalt oder der NPD in Sachsen und Mecklenburg-Vorpommern ab, so ist festzuhalten, dass es in der Tat keiner klassischen rechtspopulistischen Partei zuvor gelungen war, landesweite Verankerungen zu erfahren. Wie aber konnte dies nun – vorläufig – möglich werden?

Das erste Ereignis zur Beantwortung dieser Frage ist sicherlich in der deutschen Finanz- und Wirtschaftskrise zu suchen. Standen bis 2007 noch Fragen der Verteilungsgerechtigkeit im Zentrum der gesellschaftlichen Debatten, änderte sich das im Jahr 2008 schlagartig. Die Bankenrettung und die konjunkturpolitische Abfederung der Krisenwirkungen rückten ins Zentrum der Diskussion. Selbstverständlich lassen sich auch hier gerechtigkeitspolitische Fragestellungen artikulieren, etwa warum bei Schulen aus irgendwelchen Sachzwängen heraus kaum Geld da ist, bei Bankenrettungen hingegen kein Sachzwang der Geldbeschaffung entgegensteht. Aber diese sind Fragen der Begleitung, sie stehen nicht mehr im Zentrum.

Ähnliches galt für die Eurokrise. Da stand im Zentrum der Debatte eine technokratisch ausgestaltete Krisenbekämpfungspolitik: »Geld gegen Reformen«. DIE LINKE mochte hier begleitend ein Gerechtigkeitsthema ins Spiel bringen, etwa dass Solidarität etwas anderes sei als erzwungene Sozialstaatszerstörung. Aber die vorherrschende wohlstandschauvinistische Krisendeutung zu durchbrechen, gelang ihr allein nicht ausreichend.

In dieser Situation, einer wohlstandschauvinistischen Krisendeutung, gelang es den AfD-Gründern, eine Position zu markieren: die Position der Solidaritätsverweigerung. Wo es aus unserer Sicht zu wenig Solidarität mit den Krisenstaaten gab, gab es aus Sicht manch anderer zu viel. Die Befürchtung: Was jetzt noch »Stabilisierungshilfe« hieße, sei der Einstieg in eine »Transferunion«, in der dauerhaft ökonomisch schwächere durch stärkere Nationen finanziert würden. Nun war das, wie die Debatten innerhalb der Union oder der FDP zeigen, keineswegs eine Haltung, die nur außerhalb der bundespolitisch etablierten Parteien anzutreffen war. Sie wurde auch befeuert durch ein Griechenland-Bashing, das zuweilen die Grenzen der Zumutbarkeit überschritt. Das erzeugte dann tatsächlich ein Standbein für eine Partei wie die AfD, die einen radikalisierten Neoliberalismus, also Solidaritätsverweigerung, euroskeptisch wenden und so in einer Krisenstimmung punkten konnte.

Die AfD – Ein Sammelbecken am rechten Rand

Zugleich zog die AfD auch Menschen als Mitglieder oder Sympathisanten an, die aus dem latenten Nationalismus, der mit der Solidaritätsverweigerung verbunden war, gern einen aktiven Nationalismus und die aus der wohlstandschauvinistischen Abschottungshaltung eine umfassendere machen wollten. Dann stießen National- und Rechtskonservative dazu, für die die CDU keine politische Heimat mehr bot. Die Merkel-CDU hatte ihr Verhältnis zur Homosexualität entkrampft, eine vorsichtige Modernisierung ihrer Vorstellungen von Geschlechterrollen begonnen, sie war proeuropäisch und wendete sich von Souveränitätshuberei ab. Um dem Ganzen die Krone aufzusetzen, erklärten einige CDU-Politiker auch noch, dass der Islam zu Deutschland gehöre. Man muss das vor Augen haben, um zu wissen, wie die Mitgliedschaft der AfD strukturiert ist.

Selbstverständlich musste es im Verlauf der sogenannten Flüchtlingskrise zum Konflikt zwischen Wirtschaftsliberalen wie Lucke sowie Rechtskonservativen wie Petry und Höcke oder Gauland kommen. Deren Öffnung für PEGIDA & Co., ihre Öffnung zu den »Identitären« und der »Neuen Rechten« markiert deren Unwilligkeit, eine Grenze nach rechts zu ziehen, und erzeugte so den Bruch mit dem Lucke-Flügel beziehungsweise dessen innerparteiliche Schwächung. Aber auch hier finden wir die Haltungen der Solidaritätsverweigerung und der Abschottung, ergänzt um kulturalistische Ressentiments.

Wäre die AfD eine eindeutig faschistische Partei, würde ich jede Art des Umgangs mit ihr, die nicht auf ein Verbot hinausliefe, strikt verweigern. Aber bei Parteiverboten muss man sehr zurückhaltend sein. Die Demokratie schützen wir immer noch am besten dadurch, dass eine Politik gemacht wird, die es der Bevölkerung erlaubt, in einer Demokratie leben zu wollen.

Nun zeigen jedoch die Betrachtungen weiter oben, dass jede Identifizierung von AfD und Faschismus zumindest derzeit an der Realität vorbeigeht. Deshalb ist die aus meiner Sicht wichtigste Form des Umgangs mit der AfD die weitere Beobachtung, um ihren Charakter und ihre innere Dynamik besser einschätzen zu können. Allerdings würde ich davon abraten, das »bewährten« Einrichtungen wie dem Verfassungsschutz zu überlassen. Das müssen die demokratischen Parteien im Verbund mit der Zivilgesellschaft selbst machen, denn sie verfolgen ihre eigene politische Agenda, und in deren Rahmen stellen sich erst Fragen des Umgangs auf konkretere Weise.

Um es an einem Beispiel zu verdeutlichen: Die Bundesregierung verfolgte bei der Bewältigung der Eurokrise die Strategie des Zeitkaufens. Die Europäische Zentralbank (EZB) kaufte griechische Staatsanleihen, sie senkte Zinsen und hoffte darauf, dass Wachstum, Inflation und niedrige Zinsen den Schuldenberg beherrschbarer machen. DIE LINKE hielt diese Strategie für falsch, die AfD auch. Aber sollten wir deshalb gemeinsam Anträge stellen? Das ginge schon aus inhaltlichen Gründen nicht, jenseits allen politischen »Geschmacks«. Aber da zeigt sich auch eine Möglichkeit der Auseinandersetzung. Wir haben eine strategische Idee, die schon deshalb plausibel ist, weil sie ein historisches Vorbild hat – Stichwort: Marshallplan. Damals finanzierten die USA mittels günstiger Kredite den Wiederaufbau Westeuropas und schufen so einen Absatzmarkt für amerikanische Waren. Es ist nicht nachvollziehbar, warum das nicht auch Griechenland und anderen Ländern des Südens helfen könnte, zumal alle etwas davon hätten. Mittelfristig müsste das natürlich durch Zielvereinbarungen zum Abbau von wirtschaftlichen Ungleichgewichten in der EU ergänzt werden. Ich möchte erst einmal sehen, was die AfD da anderes als »Euro muss weg!« oder »Grexit« zu bieten hat.

Wichtiger als der Umgang mit der AfD ist jedoch der Umgang mit ihren Wählern. Ich muss eine Partei nicht mögen. Ich mag diese, die AfD, ganz besonders nicht. Aber wenn ich sie zu sehr ausgrenze, laufe ich Gefahr, auch die Wähler zu beleidigen. Wenigstens die Wählerinnen und Wähler müssen wir ernst nehmen. Die Legitimität des ganzen Systems steht und fällt mit den Wahlen, hängt an der politischen Gemeinschaft der Bürgerinnen und Bürger. Da zumindest gibt es nicht Gut und nicht Böse. Das heißt nicht, dass ich jede Wahlentscheidung billige; ich muss aber billigen, dass es die Möglichkeit zu einer Wahlentscheidung gibt, die mir vielleicht nicht passt. Alles andere läuft auf eine suspekte Demokratieauffassung hinaus. Ein relevanter Teil der Wählerinnen und Wähler der AfD kommt aus dem Nichtwählerlager. Es ist ihr ganz offensichtlich gelungen, Menschen dazu zu bringen, sich wieder zu beteiligen, auch wenn ich die Motive, ausgerechnet die AfD zu wählen, nicht teile. »Wenn ich eh von der Politik nichts mehr erwarte, welches Signal ist dann am stärksten, das von meiner Wahlentscheidung ausginge?«, werden sich viele bei den letzten Landtagswahlen gedacht haben.

Viel wichtiger jedoch ist die Frage, welche Politik diese Menschen dazu getrieben hat, sich von den etablierten Parteien zu distanzieren.

Immer wenn populistische oder »Protest«-Parteien gewählt werden, geschieht das, weil es Bedürfnisse und Interessen gibt, die durch die Etablierten nicht oder nicht mehr ausreichend wahrgenommen werden. Das war nicht anders, als die Agenda 2010 durchgesetzt wurde. Damals entstand eine Lücke zwischen Normalitätsvorstellungen in Teilen der Bevölkerung und in den etablierten Kreisen der politischen Klasse. Was die einen noch für normal, angemessen usw. hielten, hielten andere für überholt, nicht mehr machbar oder sozialromantisch und sich selbst für äußerst modern. Ohne diese Lücke hätte es die heutige LINKE so nicht gegeben. Und hier muss man durch: Offenbar sind Abschottungsbedürfnisse und Solidaritätsverweigerung in einem immer noch zu großen Maß vorhanden.

Es stehen zwei Wege offen. Der erste Weg besteht darin, auf Abschottung und Solidaritätsverweigerung einzugehen. Zumindest zu Konzessionen zeigten sich fast alle etablierten Parteien mit Ausnahme der LINKEN bereit. Jedes Asylpaket, das den Deutschen Bundestag verließ, war im Grunde genommen ein Anti-Asylpaket. Der andere Weg beinhaltet zwar, Konzessionen zu vermeiden, er muss aber deutlicher machen, dass es für die Ängste und Befürchtungen, die zu Abschottung und Solidaritätsverweigerung führen können, keine zwingenden Gründe gibt, wenn man die Herausforderungen annimmt und richtig beantwortet, die mit der massenhaften Ankunft von Schutzsuchenden verbunden sind. Da hat die Bundeskanzlerin aus meiner Sicht einen gravierenden Fehler gemacht. Natürlich war es richtig zu sagen: »Wir schaffen das!« Aber sie hätte sofort deutlich machen müssen, wie wir das schaffen. Ich kann mir nicht vorstellen, dass das ohne größere Umverteilung geht, um die vielen Herausforderungen zu bewältigen. Auch hier kann ich mir nicht vorstellen, dass die AfD wirklich Konstruktives beizutragen hätte. Und hier folgt die AfD einem gängigen Prinzip rechtspopulistischer Parteien: Noch nie hat sie auch nur im Ansatz den Versuch unternommen, Lösungen anzubieten. Sie ist eine »Dagegen-Partei«, egal, um welche gesellschaftspolitische Frage es in der Debatte geht.

Schließlich muss man die Wählerinnen und Wähler immer wieder darauf hinweisen, was für eine Partei sie möglicherweise wählen. Es ist eine Partei, die von Solidarität wenig hält. Das zeigt sich nicht nur bei den Themen Europa und Asyl. Das zeigt sich ebenso anhand ihrer Haltung zum Sozialstaat. Bei ihren steuerpolitischen Vorstellungen würde Gerhard Schröder (SPD) noch fast wie ein Sozialist erscheinen.

Von daher erscheinen mir Diskussionen wie die, ob man die AfD im Fernsehen auftreten lassen darf oder nicht, ausgesprochen lächerlich. Die AfD ist ein Krisensymptom. Wir müssen uns daher überlegen, wie wir konstruktiv mit diesen Krisen umgehen, anstatt unsere Unfähigkeit dazu auf die AfD zu übertragen.

Elmar Brok

Keine Alternative für Europa

Der Ausgang des »Brexit-Referendums« vom 23. Juni 2016 war ein womöglich dringend benötigter Weckruf für alle, die den europäischen Integrationsprozess immer noch als Selbstverständlichkeit und Selbstläufer angesehen haben. Das Votum der britischen Bevölkerung für einen EU-Austritt ihres Landes ist die folgenschwere Konsequenz einer Kampagne, die – wie von vielen erst im Nachhinein erkannt wurde – seitens der Brexit-Befürworter auf Lügen und faktenfreier Angstmacherei basierte. Und auch in vielen anderen EU-Mitgliedstaaten laufen sich die Euroskeptiker bereits warm. Die Notwendigkeit zur inhaltlichen Auseinandersetzung mit den Populisten von Marine Le Pen bis Beatrix von Storch zeigt: Wir müssen uns unser Europa täglich erarbeiten!

Dabei spielt die »Alternative für Deutschland« (AfD) auf europäischer Ebene keine nennenswerte Rolle, anders als in der deutschen Öffentlichkeit. Sie hat dies auch nie getan. Der Wahlerfolg bei der letzten Europawahl 2014, bei der die AfD aus dem Stand auf 7,1 Prozent der Wählerstimmen kam, war zwar durchaus beeindruckend; längst haben sich ihre Europaabgeordneten jedoch zerstritten und gehen getrennte Wege. Die Abspaltung des gemäßigten AfD-Flügels unter Führung von Bernd Lucke und Hans-Olaf Henkel durch

Gründung der »Allianz für Fortschritt und Aufbruch« (ALFA) traf und betraf vor allem die europapolitischen Aktivitäten der Partei, die auf einen Schlag fünf ihrer sieben Mitglieder des Europäischen Parlaments verlor. Die verbliebenen zwei Abgeordneten – Beatrix von Storch und Marcus Pretzell – sorgten infolgedessen für einen deutlichen Rechtsruck der geschrumpften Rest-AfD, die sich mit ihrem neuen politischen Kurs innerhalb ihrer Fraktion der »Europäischen Konservativen und Reformisten« (EKR) schnell isolierte. Mittlerweile wurden von Storch und Pretzell erfolgreich zum Austritt aus der EKR-Fraktion gedrängt. Vom AfD-Wahlerfolg bei der Europawahl ist damit nur noch ein Trümmerhaufen übrig geblieben.

Trotz dieser aus AfD-Sicht verheerenden Entwicklung und einer beeindruckenden Marginalisierung der Partei auf EU-Ebene ist ein genauerer Blick lohnenswert – dies erst recht, wenn man den Kontext der in weiten Teilen Europas zunehmenden euroskeptischen Tendenzen berücksichtigt. Diese dürfen als die vielleicht sogar größte Bedrohung der kommenden Jahre für die Europäische Union gelten – und das trotz zahlreicher anderer großer Herausforderungen wie etwa Flüchtlingskrise oder Terrorgefahr. Die EU steckt vor allem in einer Legitimationskrise ihren eigenen Bürgerinnen und Bürgern gegenüber.

Das für die meisten Akteure und Beobachter sicherlich überraschende Votum der britischen Bevölkerung für den EU-Austritt des Vereinigten Königreichs zeigt, was passiert, wenn Bürger populistischen und unverantwortlichen Rattenfängern blind hinterherlaufen. Wir in Deutschland müssen – gerade vor dem Hintergrund unserer dunklen Geschichte – gut aufpassen, dass uns so etwas nicht auch in unserem Land irgendwann wieder passiert. Die Brexit-Befürworter in Großbritannien waren vor allem schlecht beziehungsweise falsch informiert, und sie haben sich von Emotionen und Lügen statt von rationalen Argumenten und Fakten treiben lassen. Uninformiertheit und Emotionalität sind jedoch kein guter Ratgeber für politische Entscheidungen, und das erst recht nicht, wenn diese von einer solch historischen Tragweite sind.

Auch in Deutschland ist der Großteil der AfD-Wähler und -Sympathisanten keineswegs rechtsradikal, sondern es mangelt meist an einer sachlichen Auseinandersetzung mit der Komplexität und Vielschichtigkeit der Probleme, mit denen sich unsere Gesellschaft derzeit zweifelsohne konfrontiert sieht. Während populistische Parteien wie die AfD vermeintlich einfache Lösungen anbieten, haben es die etablierten Parteien der gemäßigten Mitte – ebenso wie viele der als »Lügenpresse« verschrienen Medien – hier ein Stück schwerer und erreichen viele Menschen schlicht nicht mehr. Dies selbstkritisch anzuerkennen ist der erste Schritt auf dem Weg zum Umgang mit der AfD und ihren ewiggestrigen Thesen. Darüber hinaus gibt es hier aber auch eine Verantwortung der ganzen Gesellschaft einschließlich der Kirchen, Gewerkschaften und Arbeitgeber.

Dabei hat sich die »Alternative für Deutschland« von ihren euroskeptischen, aber politisch doch relativ gemäßigten Wurzeln aus der Anfangszeit längst entfernt und ist zu einer nationalkonservativen Partei geworden. Während die AfD nach ihrer Gründung unter Führung von Bernd Lucke und Hans-Olaf Henkel thematisch noch weitgehend auf eine europakritische Wirtschafts- und Finanzpolitik beschränkt war und vor allem gegen den Euro als Gemeinschaftswährung wetterte, ist sie mittlerweile an den rechten Rand des Parteienspektrums gerückt und macht der NPD Konkurrenz. Henkel selbst bezeichnete die AfD in einem Interview Anfang 2016 als »NPD light«. Im Juli 2016 geriet die AfD nach antisemitischen Äußerungen prominenter Mandatsträger gar ins Visier des Verfassungsschutzes; die Bundesvorsitzende Frauke Petry war auf Seiten derer, die sich nicht von den Aussagen distanzieren wollten.

Aufgrund des Rechtsrucks der AfD war nach einem verlorenen innerparteilichen Machtkampf um den Parteivorsitz im Juli 2015 denn auch der Parteiaustritt zahlreicher Vertreter des liberal-konservativen, gemäßigten Flügels ein zu erwartender und politisch nur folgerichtiger Schritt. Dieser machte sich vor allem auf europäischer Ebene bemerkbar: Fünf der ursprünglich sieben im Jahr 2014 gewählten AfD-Europaabgeordneten – neben Lucke und Henkel waren dies Bernd Kölmel, Joachim Starbatty und Ulrike Trebesius – schlossen sich der von Bernd Lucke neugegründeten ALFA an. Zugleich behielten sie aber ihre Mandate für das Europäische Parlament, sehr zum Missfallen der neuen AfD-Führung um Frauke Petry und eines erheblichen Teils der Parteimitglieder. Auch verblieben die fünf ALFA-Abgeordneten weiterhin in der EKR-Fraktion, zunächst noch zusammen mit ihren Ex-Kollegen von der AfD.

Welche Gesinnung und welches (nicht sonderlich ausgeprägte) Demokratieverständnis in Teilen der AfD und ihrer Anhängerschaft verbreitet sind, zeigte der darauf folgende Umgang mit den einstigen AfD-Abgeordneten: Wie im März 2016 mehrere Medien berichteten, wurden von einem unbekannten Absender unter dem Namen »AfD Armee Fraktion« Drohbriefe an private Adressen der Parlamentarier und Ex-AfD-Parteimitglieder geschickt mit der Aufforderung, ihre Mandate im Europaparlament niederzulegen beziehungsweise an die AfD zurückzugeben. In den Schreiben wurde gar mit blutiger Rache und Mord gedroht, auch gegenüber den Familien der Politiker. Dieser Vorgang mag nicht repräsentativ für die Mehrheit der AfD-Mitglieder sein, darf jedoch als Beispiel dafür gelten, in welchen Sumpf die Partei sich selbst gezogen hat und was für Leute sich in ihren Reihen bewegen.

Auch die euroskeptische EKR-Fraktion – die unter Führung der britischen Konservativen und der polnischen Partei »Prawo i Sprawiedliwość« (PiS; dt. »Recht und Gerechtigkeit«) von Jarosław Kaczyński steht – hat die AfD nach deren politischem Rechtsruck ganz offensichtlich als radikal und rassistisch und damit unerwünscht eingestuft. Nach fremdenfeindlichen Äußerungen der beiden verbliebenen Abgeordneten Beatrix von Storch und Marcus Pretzell zum Schusswaffengebrauch gegen Flüchtlinge drängte die EKR die beiden AfD-Parlamentarier zum Austritt aus der Fraktion und drohte mit einem Ausschluss.

Beatrix von Storch verließ die EKR daraufhin freiwillig und schloss sich der Fraktion »Europa der Freiheit und der direkten Demokratie« (EFDD) an, die von der »United Kingdom Independence Party« (UKIP) des britischen Europagegners Nigel Farage sowie dem italienischen »MoVimento 5 Stelle« (M5S; dt. »Fünf-Sterne-Bewegung«) dominiert wird. Pretzell hingegen wurde aus der EKR-Fraktion ausgeschlossen und trat im April 2016 der rechtspopulistischen Fraktion »Europa der Nationen und der Freiheit« (ENF) bei, die etwa Migration als Folge von Krieg und Verfolgung ablehnt. Die ENF-Fraktion war erst im Jahr 2015 von der Französin Marine Le Pen (»Front National«, FN) und dem Niederländer Geert Wilders (»Partij voor de Vrijheid«, PVV) gegründet worden und umfasst neben den Europaparlamentariern von FN und PVV unter anderem auch Abgeordnete der »Freiheitlichen Partei Österreichs« (FPÖ) und der italienischen »Lega Nord«. Der Lebensgefährte der AfD-Bundesvorsitzenden hat sich also offenen Rassisten angeschlossen. Die Tatsache, dass von Storch und Pretzell unterschiedlichen Fraktionen beitraten, offenbart zudem einen Richtungsstreit und lässt einen womöglich tiefen Riss innerhalb der ohnehin nur noch aus diesen beiden bestehenden europäischen Rest-AfD vermuten.

Die Fraktionswechsel der beiden AfD-Europaabgeordneten hin an den rechten Rand des Parlaments spiegeln zugleich die neue Ausrichtung der Partei wider, die sich auch außerhalb des Europäischen Parlaments um eine Intensivierung der Kontakte zu gleichgesinnten Parteien bemüht. Laut einem im April 2016 an alle Parteimitglieder versandten Schreiben sieht sich die AfD als Teil einer großen europäischen Bewegung und will für mehr Zusammenarbeit zwischen den rechtsnationalen Parteien Europas sorgen. So wird offenbar vor allem der Schulterschluss mit der FPÖ gesucht; im Juni 2016 etwa traf sich Frauke Petry medienwirksam mit FPÖ-Chef Heinz-Christian Strache zu einem rechtspopulistischen Gipfeltreffen auf der Zugspitze.

Für die AfD dürfte an den Kooperationen mit ihren europäischen Partnern vor allem deren langjährige professionelle Erfahrung im Umgang mit politischen Gegnern sowie mit der Öffentlichkeit und den Medien interessant sein. Die FPÖ in Österreich oder auch Marine Le Pen mit dem FN in Frankreich haben in der Vergangenheit bereits gezeigt, wie man als rechtspopulistische Partei Wahlkampagnen organisieren kann, die den Anschein von Bürgerlichkeit und politischer Mitte erwecken und dabei auf eine eher subtile Art und Weise Vorurteile schüren, fremdenfeindliche Botschaften vermitteln und vermeintlich einfache Lösungen für doch komplexe Probleme anbieten. Unterschwellig erzeugt dies eine nachhaltig antieuropäische Stimmung. Von offen rechtsradikaler Propaganda hingegen, wie sie nationalistische Parteien früher einmal betrieben haben, sind FPÖ und Front National in ihrem Stil inzwischen weit entfernt. Wie erschreckend gut diese Taktik funktioniert, zeigte sich zuletzt im Mai 2016 bei der österreichischen Präsidentschaftswahl, wo der FPÖ-Kandidat Norbert Hofer im ersten Wahlgang mit gut 35 Prozent der Stimmen das beste Ergebnis erzielte und im zweiten Wahlgang mit 49,6 Prozent seinem Kontrahenten Alexander Van der Bellen nur äußerst knapp unterlag.

Das Aufkommen und Erstarken euroskeptischer Parteien in den vergangenen Jahren sowie die zunehmenden euroskeptischen Tendenzen innerhalb bestehender Parteien mit langer Tradition zwingt alle maßgeblichen europafreundlichen Akteure zur Selbstreflexion: Wie können wir die EU noch besser machen? Was haben wir in der Vergangenheit vielleicht falsch gemacht? Zwar ist diese Entwicklung sicherlich nichts, was sich die etablierten pro-europäischen Parteien gewünscht haben. Dennoch bietet sie Chancen, die wir erkennen und ergreifen sollten. In der breiten Öffentlichkeit – in den Medien wie an den Stammtischen – wird so viel über Europa diskutiert wie wahrscheinlich niemals zuvor. Die britische Entscheidung pro Brexit und deren bereits jetzt absehbar katastrophale Auswirkungen haben die allgegenwärtigen Debatten über Europa nochmals befeuert.

Unbestritten stehen wir derzeit an einem bedeutsamen Wendepunkt des europäischen Integrationsprozesses, an dem wir die wesentliche Richtung für die kommenden Jahrzehnte festlegen und damit die Zukunft Europas und der Europäischen Union entscheidend beeinflussen werden. Denn eines ist doch klar: Ob Staatsschuldenkrise, Zuwanderungsdebatte oder Innere Sicherheit – einen Großteil der gegenwärtigen Herausforderungen in der EU haben wir uns selbst erst geschaffen durch Verharren in nationalem Denken und in nationalen Strukturen. Dabei wollen die Bürger etwa ihre innere und äußere Sicherheit doch auch durch Europa gewährleistet wissen; die AfD aber will aus parteitaktischen Gründen gerade diese Sicherheit in ihrem Kampf gegen Europa verhindern.

Wir dürfen im Übrigen nicht vergessen: Die EU ist nicht nur Brüssel – sie ist auch Berlin und Tallinn und Athen und Bratislava. Die EU-Politik wird nicht von Brüssel gemacht, sondern (zumeist) in Brüssel. Die Staats- und Regierungschefs im Europäischen Rat sowie die Minister im Rat sind als Vertreter der EU-Mitgliedsländer alle zusammen ebenso verantwortlich für die Politik der Europäischen Union wie die supranationalen Organe Parlament und Kommission. Hierfür muss mehr Bewusstsein bei unseren Bürgern geschaffen werden.

Wir Europäer sollten erkennen, dass nur wir selbst es in der Hand haben, unseren hausgemachten Problemen den Nährboden zu entziehen. Und wir müssen erkennen, dass wir dies nur gemeinsam können – als Europäer. Denn was gut oder schlecht ist für Deutschland, das ist auch gut oder schlecht für Europa. Was gut oder schlecht ist für Europa, das ist auch gut oder schlecht für Deutschland. Und dies gilt entsprechend für alle EU-Mitgliedstaaten. Nationale Interessen und EU-Interessen schließen sich nicht etwa aus – im Gegenteil: Sie ergänzen sich. Man muss nur schauen, auf welcher Ebene Interessen am besten umgesetzt werden können. Vor allem muss deutlich werden, dass die EU nicht gescheitert ist, sondern, dass die europäische Einigung uns die glücklichste Zeit unserer Geschichte gebracht hat. Eine bessere Alternative gibt es nicht, vor allem nicht für Deutschland. Wir haben ein Maß an Frieden, Freiheit und Wohlstand wie keine Generation vor uns, und das müssen wir - bei allen Ungerechtigkeiten und Mängeln, die es in der EU gibt und gegen die es anzukämpfen gilt - den Kritikern der EU als Gegenbild entgegenhalten.

Die »Alternative für Deutschland« und ihre Wähler haben dies bislang offenbar nicht erkannt - oder sie wollen es schlicht nicht erkennen. Dabei sollte doch jedem politisch halbwegs informierten Menschen klar sein, dass die großen Herausforderungen unserer Zeit in einer globalen Ordnung von keinem Nationalstaat allein bewältigt werden können. Wer also aus nationalistischen Motiven heraus die EU zerstören will, der schädigt am Ende seine eigene Nation. Im Übrigen zeigt gerade ein Blick in die deutsche Geschichte, dass Nationalismus noch immer ins Unglück geführt hat. Die Mitglieder und Wähler der AfD täten gut daran, dies zu erkennen und ihre eigenen Positionen kritisch und gut informiert zu überdenken. Die Parteien der Mitte müssen versuchen, die AfD-Anhänger wieder zurück ins demokratische Lager zu holen und ihnen eine politische Perspektive zu bieten. Kritik an der AfD darf nicht missverstanden werden als Kritik an den Menschen, die diese Partei wählen.

So lange die Zahlen in Umfragen und die Wahlergebnisse stimmen, wird die AfD auch weiterhin mit den Ängsten der Menschen im unserem Land spielen, um möglichst viel Verunsicherung auszulösen. Verunsicherung der Bürger ist der Nährboden, auf dem die AfD und andere Populisten wachsen und gedeihen können. Die AfD riskiert mit ihrem Weg die Zerstörung der EU und die Spaltung unserer Bevölkerung. Dabei wählt eine wachsende Zahl von Bürgern in diesen unübersichtlichen Zeiten doch nur deshalb populistische Parteien, weil sie glauben und hoffen, dass diese für Ordnung, Sicherheit und Stabilität sorgen können. Das Gegenteil ist jedoch der Fall: Gerade die Europäische Union und nur die Europäische Union ist es, die uns Ordnung, Sicherheit und Stabilität gewährleisten kann. Die AfD hingegen hat keine Lösungen anzubieten und gibt dies auch selbst zu.

Alexandra Föderl-Schmid

Vorbild für die AfD: die FPÖ

Es war ein Foto mit Symbolwert: Auf der 2.962-Meter-Höhe, auf der Zugspitze, trafen sich am 10. Juni 2016 FPÖ-Chef Heinz-Christian Strache und Frauke Petry. Man wolle gemeinsam neue politische Höhen erklimmen, verkündete die AfD-Vorsitzende. Strache erklärte, man wolle die Zusammenarbeit vertiefen und Arbeitsgruppen zu verschiedenen Themen gründen. Darauf ein Prosit mit Weißbier und Posieren für die Kameras.

Es war nicht das erste Treffen der beiden Parteichefs. Es gab bereits einige Wochen zuvor in Düsseldorf eine Veranstaltung, zu der der Österreicher anreiste. Gute Kontakte der AfD bestehen auch zu Harald Vilimsky, Straches Statthalter im EU-Parlament.

Die beiden rechtspopulistischen Parteien verbindet einiges. Beim Thema Asyl oder, wie Strache es nennt, der »moderne Völkerwanderung«, die »unkritisch als Massenflüchtlingsbewegung« bezeichnet werde, gebe es inhaltliche Überschneidungen. Beiden Parteien geht es auch darum, EU-kritische Kräfte zu bündeln: »Wir müssen zurück zu einem Europa der freien und souveränen Vaterländer«, erklärte Petry bei dem Treffen auf der Zugspitze.

Für die AfD-Chefin ist die FPÖ das erklärte Vorbild, wie sie in einem Interview mit der Tageszeitung DER STANDARD im Frühjahr

2016 ausführte: »Grundsätzlich ist die FPÖ ein interessantes Parteienprojekt, und die AfD wäre mit dem Klammerbeutel gepudert, nicht von den Erfahrungen der FPÖ zu profitieren. Die FPÖ ist natürlich die Partei, die seit Jahrzehnten den Wählerzulauf hat, den sich die AfD wünscht.« Allerdings gebe es auch Positionen der FPÖ, die von der AfD nicht geteilt werden: »Wenn ich an einige sozialpolitische Positionen der FPÖ denke, die zum Teil sozialdemokratischer sind als die der SPÖ, dann sehe ich, dass es auch Unterschiede gibt.«

Dass die FPÖ Wählerinnen und Wähler sowohl aus dem konservativen Lager anzusprechen vermochte als auch die traditionelle SPÖ-Klientel, vor allem Arbeiter, anlockte, ist nach Einschätzung von Politikwissenschaftlern aber genau der Grund für ihren – wenn auch von Höhen und Tiefen geprägten – Aufstieg seit 30 Jahren in Österreich. Sie zieht von beiden so genannten Großparteien, die Österreichs Zweite Republik prägten und bis auf wenige Ausnahmen gemeinsam eine Koalition bildeten, Wähler ab. Das führte dazu, dass SPÖ und ÖVP bei der vergangenen Nationalratswahl 2013 zusammen nur noch auf eine knappe Mehrheit von 51 Prozent kamen. Die FPÖ ist in Europa ein Unikum: eine rechte Partei mit linken Forderungen. Den Wandlungsprozess und damit Grundstein für ihren Aufstieg legte Jörg Haider 1986. Unter ihm wurde sie mehr eine proletarische denn eine bürgerlich-konservative Partei.

Anders als die AfD in Deutschland ist die FPÖ keine Neugründung, sondern seit Mitte der 1950er-Jahre etabliert. Die FPÖ, wie schon ihre Vorgängerpartei, der Verband der Unabhängigen (VdU), stand und steht für einen nostalgischen Umgang mit der NS-Vergangenheit. VdU und FPÖ waren eine Gründung *von* ehemaligen Nationalsozialisten *für* ehemalige Nationalsozialisten. Aber auch SPÖ und ÖVP warben in der Nachkriegszeit um die Stimmen der »Ehemaligen«, und einige von diesen wurden auch Mitglieder der Bundesregierung – was nicht in der Heftigkeit wie in Deutschland öffentlich diskutiert wurde.

Dieses Erbe der FPÖ zieht sich bis in die Gegenwart hin. Schlagende Burschenschafter stellen seit Jahren den Kern der Partei. Obwohl es von den Medien, zuletzt in Zusammenhang mit dem freiheitlichen Präsidentschaftskandidaten Norbert Hofer, immer wieder aufgegriffen wird, gibt es keine breite Diskussion darüber.

Dieses Milieu allein reicht bestenfalls aus, um die in Österreich bei Wahlen geltende Vier-Prozent-Hürde für den Einzug ins österreichische Parlament zu überspringen. Menschen mit dieser Gesinnung bilden den harten Kern, die Breite gewann und gewinnt die FPÖ durch das Vordringen in alle Bereiche der Gesellschaft. Nationalistische Parolen – gerichtet gegen bestimmte »andere« (im Moment bevorzugt: Muslime) oder die »Fremdbestimmung« (vor allem die EU) – sorgen für die Mobilisierung einer Gefolgschaft. Das Gros der Wähler der FPÖ heute kommt aus einem anderen Milieu: Es ist das jüngere städtische Proletariat vor allem männlichen Geschlechts.

Was unter Haider begonnen wurde, hat sich unter FPÖ-Chef Heinz-Christian Strache zu einem stabilen Wählersegment entwickelt. Bei der Nationalratswahl 2008 haben mehr Arbeiter die FPÖ gewählt als die SPÖ. Bei der Bundespräsidentenwahl 2016 haben im ersten Wahlgang 72 Prozent der Arbeiter den Blauen ihre Stimme gegeben.

Eines von Haiders Erfolgsrezepten war, die »Stimme des kleinen Mannes« zu verkörpern. Er, der selbst ein reicher Erbe war, profilierte sich als Rächer gegen »die da oben«, »die es sich richten« – gemeint waren damit vor allem die von ihm als »Altparteien« apostrophierten Regierungsparteien. Der Systemrebell präsentierte sich als aufrechter Kämpfer für die Sache der kleinen Leute – einer, der stellvertretend für sie alle den etablierten Kräften die Stirn bietet. Er eroberte so die Arbeiter als neue Wählerklientel.

Seit der Machtübernahme Haiders 1986 und der darauf erfolgten Aufkündigung der Zusammenarbeit durch den damaligen sozialdemokratischen Bundeskanzler Franz Vranitzky mit der Begründung »Rechtsruck« konnte die FPÖ, die in den Jahren davor bei Wahlen etwa fünf Prozent erreichte, praktisch bei allen Urnengängen stetig zulegen.

Das beste Nationalrats-Wahlergebnis unter Haider erzielte die Partei im Jahr 1999, als 26,9 Prozent der Stimmberechtigten für die Freiheitlichen votierten. Dies bedeutete Platz zwei, hauchdünn vor der ÖVP. Deren damaliger Obmann Wolfgang Schüssel holte die FPÖ in die Regierung und machte sich, obwohl seine Partei nur auf Platz drei gelangte, zum Kanzler. Die damalige Nummer eins, die SPÖ, erholte sich von diesem Schlag lange nicht.

Aber als die anderen EU-Staaten als Protest gegen Schwarz-Blau bilaterale Maßnahmen gegen die österreichische Regierung und ihre Vertreter verhängten und daraufhin Politiker nicht mehr zu Veranstaltungen im Ausland eingeladen und Schüleraustausch-Programme storniert wurden, führte das zum gegenteiligen Effekt im

Land. Sogar Sozialdemokraten sprachen sich gegen die Sanktionen, wie sie in Österreich genannt wurden, aus. Der internationale Aufschrei und der Widerwille des damaligen Bundespräsidenten Thomas Klestil, dem die Verfassung eine starke Rolle bei der Ernennung der Regierungsmitglieder zuschreibt, trugen jedoch dazu bei, dass Jörg Haider ein Regierungsamt versagt blieb.

In den Jahren der Regierungsbeteiligung unter Schwarz-Blau ab 2000 erfolgte für die FPÖ dann der Sturz ins Bodenlose. Die FPÖ machte vor allem durch interne Querelen auf sich aufmerksam. Nach der vorgezogenen Nationalratswahl vom 24. November 2002, bei der die FPÖ auf 10,01 Prozent abstürzte und die der ÖVP 42,3 Prozent einbrachte, wurde die ÖVP-FPÖ-Koalition fortgesetzt. Aber es waren vor allem interne Probleme, die der FPÖ zu schaffen machten und ihren kurzweiligen Absturz bewirkten. 2005 gründete Haider eine eigene Partei, das Bündnis Zukunft Österreich. Die Hoffnung, dass große Teile der FPÖ-Basis in die neue Partei wechseln, erfüllte sich jedoch nur in dem von Haider regierten Bundesland Kärnten. Hier zeigte sich: Wenn die FPÖ in eine Krise gerät, ist sie vor allem selbst daran schuld – nicht der politische Gegner.

Bundeskanzler Schüssel ließ sich als derjenige feiern, der die FPÖ durch Regierungsbeteiligung »entzaubert«, manche sagten »gezähmt« habe. Erst nach Jahren kamen Affären aus der Zeit ans Licht, dass sich FPÖ-Politiker an den Futtertrögen der Macht in ihrer Regierungszeit zwischen 2000 und 2007 bedient haben.

Obwohl ein Teil der Medien immer wieder darauf hinweist, sind diese Affären vergessen, vergeben oder verdrängt. Der Boulevard, der seit mehr als 30 Jahren als Verstärker der politischen Botschaften der größten Oppositionspartei agiert und als ihr Sprachrohr Kampagnen führt, trägt entscheidend zum Wiederaufstieg der FPÖ bei. Dazu kommt, dass die juristische Aufarbeitung der vorgeworfenen Korruptionsfälle nur schleppend vorankommt und etwa der frühere Finanzminister Karl-Heinz Grasser nach jahrelangen Ermittlungen noch mit keiner Anklage konfrontiert ist.

Die FPÖ profitiert von dem Frust, der sich bei immer mehr Bürgerinnen und Bürgern aufstaut. Ihren Aufstieg verdankt sie vor allem einem Misserfolg der sozialdemokratischen SPÖ und der christdemokratischen ÖVP, die es nach Jahren der großen Koalition auch nach ihrer Wiedervereinigung in der Regierung ab dem Jahr 2007 nicht mehr vermögen, Wähler mit ihrem Personal und von ihren Inhalten zu überzeugen. Ein Teil der ÖVP weint noch immer der Zeit nach, als ihre Partei den Kanzler stellte und sich nicht mit der unbeliebten Rolle des Juniorpartners zufriedengeben musste. In der SPÖ wird seit Jahren über den Umgang mit der FPÖ – Ausgrenzung oder nur Abgrenzung – heftig diskutiert.

Während in beiden Parteien die Vorsitzenden rasch wechselten, herrscht bei der FPÖ Kontinuität: Strache, der zwar weitaus weniger charismatisch und nach Meinung vieler weniger intelligent als Haider ist, setzte nach der Einnahme des Chefpostens 2005 auf Haiders Mischung aus Populismus, gemischt mit rechten und linken Forderungen. Die FPÖ ist eine klassische Anti-Establishment-Partei, aber auch eine Anti-Ausländer- und Arbeiterpartei. Ihre Wählerschaft ist häufig wenig gebildet, verfügt über ein geringes Einkommen, ist aber keineswegs homogen. Programmatisch bleibt die FPÖ oft schwammig, bietet dafür aber neue, oft jüngere Gesichter und außerdem die Chance, es den an der Macht Klebenden mal richtig zu zeigen. Protest zu wählen, heißt in Österreich blau wählen – links von der SPÖ gibt es gar keine Alternative.

Einst traditionelle SPÖ-Wähler – also Arbeiter und Angestellte – wählen die FPÖ genauso wie mittelständische Unternehmer und Akademiker. Selbst die Nachfahren der sogenannten Gastarbeiter finden trotz ausländerfeindlicher Töne Gefallen an dieser Partei – weil sie, die seit Jahren in Österreich leben und arbeiten, sich benachteiligt fühlen, wenn jetzt Flüchtlinge Hilfe erhalten, die ihnen und ihren Vorfahren nicht gewährt wurde.

Zu diesem Gefühl der Benachteiligung und Zukunftsangst trägt die wirtschaftlich relativ schwierige Lage bei. Österreich ist zwar nach wie vor ein wohlhabendes Land mit hohem Lebensstandard, doch weit entfernt davon, »das bessere Deutschland« zu sein, als das der »Stern« Österreich noch vor elf Jahren beschrieben hat. Die Arbeitslosenquote liegt bei mehr als neun Prozent und damit auf einem historischen Höchststand. Auch beim Wirtschaftswachstum fällt Österreich im EU-Vergleich zurück. Die EU sagt ein Plus von 1,5 Prozent für 2016 voraus, damit liegt das Land auf Rang 21 in der EU. Der EU-Durchschnitt liegt bei 1,8 Prozent. Steuern und Sozialabgaben zählen zu den höchsten in der EU, die Einkommen stagnieren.

Die Zuwanderung von Flüchtlingen seit Sommer 2015 hat der FPÖ, die sich als patriotische, anti-islamische Partei in Szene setzt, ein Thema und als Folge stetigen Zulauf verschafft. Sie setzte auch den sozialdemokratischen Bundeskanzler Werner Faymann unter Druck, so dass die österreichische Regierung sich gezwungen sah, eine 180-Grad-Wende zu vollziehen von einer Politik der offenen Grenzen und einer Willkommenskultur hin zu Grenzschließungen und neuen Zäunen. Ein Teil des Juniorpartners in der Regierung, angeführt vom jungen Außenminister Sebastian Kurz, hatte ebenfalls diesen Kurswechsel gefordert. Damit einher ging auch eine Neupositionierung der ÖVP, die ihre liberale Positionen aufgab und auch nach Meinung von innerparteilichen Kritikern ihre christlichen Wurzeln verleugnete. Gedankt haben die Wählerinnen und Wähler den beiden Regierungsparteien diesen Schwenk nicht, wie die Bundespräsidentenwahl im April und Mai 2016 zeigte. Gewählt wird nicht die Kopie, sondern das Original.

Mit Hofer hat die FPÖ einen Kandidaten für das Präsidentenamt bestimmt, der mit seiner geschmeidigen und eloquenten Art von vielen nicht als rechte Bedrohung wahrgenommen wurde – obwohl er einer deutschnationalen Burschenschaft angehört, die die österreichische Nation nicht anerkennen will. Hofer machte nur wenig traditionelle Wahlkampfauftritte, nahm dafür jede Möglichkeit für TV-Interviews wahr und präsentierte sich dort als smarter Kandidat, durchaus als Kontrast zum meist polternd auftretenden Parteichef Strache.

Anders als sein Gegenkandidat, der langjährige Grünen-Parteichef Alexander Van der Bellen, verschliss sich Hofer auch nicht in vielen Wahlkampfauftritten quer durchs Land. Die Wahlkampfmanager setzten vor allem auf Mobilisierung durch das Internet.

Die seit Jahren verfolgte Internetstrategie ist einer der Gründe für die Zuwächse der Freiheitlichen, mit der eine wachsende Fangemeinde mit Neuigkeiten versorgt und gebunden wird. Die FPÖ ist auf Facebook präsent, es wurden Websites wie unzensuriert.at und FPÖ-TV aufgebaut. Laut der Branchenseite 10000flies.de zählte eine Meldung des Portals unzensuriert, das von FPÖ-Mitarbeitern verantwortet wird, im Jahr 2015 zu den drei Artikeln mit den meisten Interaktionen auf Facebook (Likes, Shares und Kommentare zusammengerechnet) im deutschsprachigen Raum.

Über Facebook kann die FPÖ tatsächlich ein Millionenpublikum erreichen. Mit 350.000 Fans ist Strache der erfolgreichste österreichische Politiker auf Facebook – und das mit großem Abstand. Norbert Hofer hatte im Sommer 2016 190.000 Anhänger.

Entscheidend ist jedoch nicht die Fanzahl allein, sondern das Ausmaß der Interaktionen auf Facebook. Viele Likes führen dazu, dass Beiträge auch mehr Nutzern angezeigt werden. Hier ist Strache besonders erfolgreich, er bekommt pro Eintrag durchschnittlich 1.900 Likes. Lob für Straches Facebook-Auftritt kommt sogar von Internetguru Sascha Lobo: »HC Strache, Parteivorsitzender der FPÖ, hat dagegen nicht nur 340.000 Facebook-Fans, er redet mit ihnen auch wie ein Kumpel. Kumpelkommunikation mag auf eine intellektuelle Medienblase (deren Teil ich bin) plump wirken, aber sie nimmt ihr Gegenüber ernst oder tut zumindest sehr geschickt so«, schrieb er in einer »SpiegelOnline«-Kolumne.

Die Freiheitlichen sind nicht mehr auf traditionelle Medien zur Verbreitung ihrer Botschaften angewiesen. In Boulevardzeitungen und in TV-Sendungen werden zwar genau jene Themen wie die Flüchtlingsproblematik getrommelt, mit der die FPÖ breite Wählerschichten anspricht. Aber die FPÖ und ihre Vertreter gefallen sich auch darin, insbesondere den öffentlich-rechtlichen ORF für seine Berichterstattung zu attackieren. Zwar wird der Begriff »Lügenpresse« bei weitem nicht so strapaziert wie in Deutschland, aber FPÖ-Politiker fühlen sich häufig missverstanden oder mit ihrer Meinung nach falschen Rechercheergebnissen konfrontiert.

Dass Vertreter der FPÖ zu Diskussionssendungen eingeladen werden, ist in den Anfangsjahren ihres Aufstiegs unter Jörg Haider wie in Deutschland jetzt in Zusammenhang mit der AfD diskutiert worden. Seit die FPÖ aber in der Wählergunst ähnlich wie die Regierungsparteien liegt und ins Parlament deutlich kleinere Parteien wie das Team Stronach und die NEOS eingezogen sind, ist das kein Thema mehr. Qualitätszeitungen, die die FPÖ mit ihren Aussagen konfrontieren, werden von der Partei abgestraft oder schlicht ignoriert.

Keine andere Partei im deutschsprachigen Raum nutzt die Möglichkeiten des Internets so wie die FPÖ, die damit auch einen direkten Draht zu ihren Wählerinnen und Wählern aufbaut. Da trifft es sich gut, dass Straches neue Lebensgefährtin als Moderatorin bei FPÖ-TV arbeitet.

In diesen von der Partei betriebenen oder gesteuerten Kommunikationskanälen gibt es nur die eine Position und keine kritischen Journalistenfragen. »Die deutschen Medien sind ja sogar noch garstiger als die österreichischen«, brachte Strache beim Zugspitzen-Treffen sogar Mitleid für seine Kollegin auf. Die FPÖ baute sich eine eigene Medienwelt und schaffte es, dies vielen Anhängern als Wirklichkeit zu verkaufen. Die blaue Filterblase wirkt.

Das ist ein wesentlicher Grund für Wahlerfolge wie jener bei der Bundespräsidentschaftswahl im Frühling 2016. In Österreich sorgte das Ergebnis für weniger Überraschung, sahen doch Umfragen die Partei seit vielen Monaten konstant bei mehr als 30 Prozent und klar auf Platz eins. Die FPÖ hat damit einen Gipfel in der Wählergunst erklommen, der für die AfD noch in weiter Ferne liegt.

Manfred Güllner

Mythos und Verharmlosungen: Wie die AfD »salonfähig« gemacht wurde

Vergegenwärtigt man sich die Einschätzungen zur AfD von Vertretern vieler Medien, von politischen Akteuren, verschiedenen Politikwissenschaftlern – allen voran der Dresdner Politologe Werner J. Patzelt – oder von so manchem Kulturkritiker und Intellektuellen, dann findet man eine Vielzahl von Charakterisierungen dieser Partei, die mit der Realität wenig zu tun haben und als krasse Fehleinschätzungen bezeichnet werden müssen.

Derartige Fehleinschätzungen waren auch schon während der Entstehungsphase der AfD vor der letzten Bundestagswahl 2013 zu beobachten.

Fehleinschätzungen der AfD in ihrer Anfangsphase

In der Anfangsphase der AfD glaubten viele Beobachter, die AfD sei eine Gruppierung besorgter Bürger, die die Euro-Rettungs-Politik der damaligen Regierung aus CDU/CSU und FDP mit Angela Merkel als Kanzlerin nicht für richtig, sondern für falsch und gefährlich hielten und deshalb nach Alternativen suchten. Das Wählerpotenzial der AfD wurde bei denen gesehen, die die großen finanziellen Hilfen, die vor allem Deutschland für in ökonomische Krisen geratene Länder - insbesondere Griechenland - leistete, mit Sorge und Ängsten im Hinblick auf die eigene ökonomische Lage und die Auswirkungen auf die deutsche Wirtschaft betrachteten. Bernd Lucke als Ökonomieprofessor wurde mit seiner Kritik als glaubwürdiger Experte eingestuft, und die Medien boten ihm eine Plattform zur Verbreitung seiner vorgeblich in erster Linie eurokritischen Vorstellungen.

Doch dieses in der Anfangsphase der AfD gängige Bild der Partei und von Bernd Lucke als einem Polit-Anfänger, dem es nur um die Artikulation der aus seiner wissenschaftlichen Arbeit hergeleiteten ökonomischen Ideen gehe, übersah zwei Tatbestände:

1. Die Mobilisierung eines nennenswerten Wählerkontingents allein mit dem Thema Eurokritik war und ist in Deutschland noch nie jemandem gelungen. Selbst kurz vor der Einführung des Euro als gemeinsamer europäischer Währung, als die Deutschen den Euro fast einhellig ablehnten und ihre geliebte DM behalten wollten, erhielt die damals von Bolko Hoffmann gegründete Pro-DM-Partei bei der Bundestagswahl 1998 nur 0,9 Prozent der abgegebenen gültigen Stimmen. Wie sollte aber 2013, als der Euro immer noch nicht geliebt, aber von der großen Mehrheit der Deutschen akzeptiert war, eine eurokritische Partei mehr Wähler mobilisieren als Ende der 1990er-Jahre, als eine Ablehnung des Euro von den meisten Deutschen ersehnt wurde.
   Die AfD erhielt bei der Bundestagswahl im September 2013 nicht wegen ihrer Euro-Kritik rund zwei Millionen Stimmen, sondern weil sie schon damals Stimmen aus dem extrem rechten politischen Spektrum bündelte. Als Ein-Themen-Partei mit der Forderung, aus der Eurozone auszutreten und die DM wieder einzuführen, hätte die AfD nie so viele Wähler wie schon 2013 gewonnen. Die Vorbehalte gegen den Euro dienten den AfD-Wählern lediglich als Projektionsfläche, um für ihre ausgeprägten Statusängste und das starke Gefühl subjektiver Benachteiligung fremden Mächten die Verantwortung geben zu können. Schon die ersten Anhänger und Wähler der AfD wiesen die für Wähler rechtsradikaler Parteien typischen Merkmale auf:

Sie waren überwiegend Männer aus einem bestimmten, radikalisierten Segment der Mittelschicht ohne Bindung an Großorganisationen wie Kirchen oder Gewerkschaften und mit extrem pessimistischen Wirtschaftserwartungen, obwohl die eigene ökonomische Lage überdurchschnittlich gut war und ist.
Die AfD in ihrer Anfangsphase als Gruppierung von besorgten Bürgern aus der Mitte der Gesellschaft zu charakterisieren, die nur die Sorgen um die richtige Währungspolitik in Deutschland umtreibt, war also eine nicht zutreffende und somit unzulässige Verharmlosung.

2. Hinzu kam, dass die damalige Leitfigur der AfD, Bernd Lucke, nicht der nur aufgrund seines vorgeblich ökonomischen Sachverstands kundige Warner vor von der Mehrheit der politischen Akteure getragenen Währungs- und Finanzpolitik war. Lucke nahm nicht nur billigend in Kauf, dass »seine« AfD schon von Anfang an zum Sammelbecken jenes radikalisierten Teils der deutschen Mittelschicht wurde, der seit jeher anfällig ist für ein durch Fremdenfeindlichkeit geprägtes antidemokratisches, rechtsradikales Weltbild. Dieses in Deutschland wie auch in anderen vergleichbaren westlichen Ländern immer vorhandene latente Potenzial von für rechtsextremes Gedankengut Anfälliger aus der Mittelschicht der Gesellschaft wählt aber nicht automatisch auch im Parteienspektrum agierende rechtsradikale Parteien. So waren Parteien wie die NPD oder die DVU für dieses aus der Mittelschicht stammende Potenzial nicht wählbar. Aus der Professorenschaft oder sonstigen vorzeigbaren Berufen stammende Repräsentanten in Anzügen, wie sie zu Beginn in der AfD zu finden waren, konnten dieses latent vorhandene Potenzial aber zur Stimmabgabe für eine Bewegung am äußersten rechten Rand des Parteienspektrums mobilisieren. Die AfD ähnelte insofern in ihrer Anhängerstruktur den frühen Republikanern unter Franz Schönhuber, die Ende der 1980er- und Anfang der 1990er-Jahre beachtliche Erfolge bei Europa-, Kommunal- und Landtagswahlen erzielen konnten.
Das alles wusste Lucke, der mitnichten der blauäugige, unbedarfte politische Novize war, dem es naiv nur darum ging, eine aus seiner Sicht ökonomisch vernünftige Finanzpolitik zu fordern. Wer wie Lucke mit seinen zweifelsohne vorhandenen intellektuellen Fähigkeiten den Begriff »Entartung« benutzt, weiß um

dessen Bedeutung und dessen Anziehungskraft für ein bestimmtes Wählersegment. Und wenn Lucke sich in einem Rechtsstreit von dem in der rechtsradikalen Szene tief verwurzelten Hamburger Anwalt Corvin Fischer vertreten lässt, ist dies kein Zufall. Auch die Verbrennung von Euro-Scheinen am Brandenburger Tor, nur wenige hundert Meter vom Bebelplatz entfernt, auf dem die Nazis ihre Bücherverbrennung im Mai 1933 inszenierten, war von Lucke bewusst inszeniert, um eine bestimmte Wählerschicht anzusprechen.
Lucke hat von Anfang an nicht nur billigend in Kauf genommen, dass die AfD auch Anhänger der offen als rechtsextreme Gruppe agierenden NPD als Wähler gewann, sondern hat dies auch strategisch so geplant. Mit auf diese rechtsextremen Wählergruppen zielenden Parolen gewann er schon bei den Bundestags- und Europawahlen in einem Land wie Sachsen überdurchschnittlich viele Wähler für die AfD – auch von der NPD – und verdrängte bei der Landtagswahl 2014 diese bis dahin im sächsischen Landtag vertretene rechtsradikale Konkurrenz.

Von Anbeginn an war die AfD im Kern eine rechtsradikale Partei und nicht nur eine Gruppe harmloser und naiver Euro-Kritiker. Lucke selbst wusste dies und verließ die Partei erst, als ihm der Versuch, die Partei allein zu führen, misslang.

Missdeutungen der Stärke der AfD bei den Wahlen seit 2013

Ein Grund für die heutige Stärke der AfD ist nicht nur die von Anfang an vorgenommene Verharmlosung dieser Partei als eine Gruppierung, die lediglich die von vielen durchaus für berechtigt gehaltene Kritik am Euro artikulieren wollte, sondern vor allem auch die Berichterstattung über die Ergebnisse der auf die Bundestagswahl 2013 folgenden Europa- und Landtagswahlen.

Schon die Ergebnisse der Europawahl im Mai 2014 wurden so dargestellt und interpretiert, als ob die AfD im Vergleich zur wenige Monate zuvor stattgefundenen Bundestagswahl einen großen Zulauf zusätzlicher Wähler erhalten hätte. Doch in Wirklichkeit erhielt die AfD bei der Europawahl 2014 nicht mehr Stimmen als bei der Bundestagswahl 2013. Doch die knapp 2,1 Millionen Stimmen bei der Europawahl 2014 waren bei einer Wahlbeteiligung von nur 48,1 Prozent für 7,1 Prozent der abgegebenen gültigen Stimmen gut, während bei der Bundestagswahl 2013 2,1 Millionen Stimmen bei einer Wahlbeteiligung von 71,5 Prozent nur 4,7 Prozent der gültigen Stimmen ausmachten. Doch die Berichterstattung in den Medien und die Einschätzungen der politischen Akteure der anderen Parteien unterstellten, dass die AfD einen deutlichen Zulauf neuer Wähler gehabt hätte.

Ähnlich verhielt es sich bei der Landtagswahl in Sachsen Ende August 2014. Hier erhielt die AfD knapp 160.000 Stimmen - exakt so viele wie bei der zuvor stattgefundenen Europawahl im Mai bzw. der Bundestagswahl 2013, als die AfD im Freistaat Sachsen von 164.000 bzw. 158.000 Wählern gewählt wurde. Das entsprach bei der Bundestagswahl einem Anteil von 6,8 Prozent der gültigen Stimmen, bei der Europawahl jedoch einem Anteil von 10,1 und bei der Landtagswahl einem Anteil von 9,7 Prozent der gültigen Stimmen. Doch das Abschneiden der AfD bei der sächsischen Landtagswahl wurde z.B. im Rahmen der Wahlberichterstattung der ARD als »Paukenschlag« gewertet - ohne die Tatsache zu erwähnen, dass die AfD dieselbe Stimmenzahl schon im September 2013 und im Mai 2014 erreicht hatte, also bei der Wahl zum Landtag im August keinen einzigen neuen Wähler hinzugewonnen hatte.

Aufgrund der - falschen - Berichterstattung und Wertung des Ergebnisses der Landtagswahl in Sachsen gelang es der AfD dann bei den 14 Tage später stattfindenden Landtagswahlen in Brandenburg und Thüringen tatsächlich, im Vergleich zur Bundestagswahl 2013 etwas mehr Stimmen zu erhalten. In Brandenburg z.B. wählten bei der Landtagswahl 120.000 Wahlberechtigte die AfD - 37.000 mehr als bei der Bundestagswahl ein Jahr zuvor. Dieser Stimmenzuwachs war aber zu einem Teil auf Zuwanderung früherer NPD-Wähler zu verzeichnen (die Zahl der NPD-Wähler ging zwischen September 2013 und September 2014 in Brandenburg um 14.000 zurück). Ähnlich verhielt es sich bei der am gleichen Tag wie in Brandenburg stattfindenden Wahl zum Landtag in Thüringen.

Auch bei der ersten Wahl des Jahres 2016, der Kommunalwahl in Hessen am 6. März, erhielt die AfD bei den Wahlen zu den Kreistagen und den Stadtverordnetenversammlungen in den kreisfreien Städten nicht mehr Stimmen als bei der Bundestagswahl 2013 und der Europawahl 2014. Doch die Berichterstattung über das Ergebnis der hessischen Kommunalwahl stellte das Ergebnis so dar, als ob der Stimmenanteil der AfD quasi über Nacht zustande gekommen wäre. Da hieß es in den Medien fast unisono: »Aus dem Stand heraus kam die AfD in Hessen auf ein zweistelliges Ergebnis«. Doch aus dem »Stand heraus« war dies eben nicht der Fall – die AfD konnte nur die Wähler auch bei der Kommunalwahl (und auch das nur bei den Kreiswahlen, nicht aber bei den Wahlen für die Gemeindevertretungen in den 426 Gemeinden des Landes) mobilisieren, die sie bereits bei der Bundestags- und Europawahl gewählt hatten.

Hinzu kam, dass in den Medien vorläufige Ergebnisse von Teilauszählungen (in Hessen dauert die Auszählung der Stimmen wegen des äußerst komplizierten Wahlverfahrens – in Frankfurt am Main haben die Wähler z. B. 93 Stimmen, die mithilfe eines Stimmzettels von fast 1,5 Meter Breite aus rund 1.000 Kandidaten ausgewählt werden müssen – mehrere Tage) verbreitet wurden, die die AfD deutlich zu hoch sahen. So wurde fast überall berichtet, in der Gemeinde Bad Karlshafen hätte die AfD über 22 Prozent erhalten. Es waren aber tatsächlich nur 14 Prozent der abgegebenen gültigen Stimmen. Für Wiesbaden gab das ZDF am Montagabend noch in den Spätnachrichten ein Ergebnis von 16 Prozent an, obwohl hier das tatsächliche Ergebnis von 12,8 Prozent der gültigen Stimmen schon vorlag. Und für Frankfurt wurde berichtet, die AfD hätte ein zweistelliges Ergebnis erzielt – obwohl das tatsächliche Ergebnis mit 8,9 Prozent der gültigen Stimmen im einstelligen Bereich blieb.

Völlig außer Acht blieb bei der Berichterstattung über die hessische Kommunalwahl die mit 54,4 Prozent außergewöhnlich hohe Zahl von Nichtwählern (einschließlich der ungültigen Stimmen) im gesamten Land. Nur wegen dieser geringen Zahl von Wählern kam die AfD auf einen höheren Anteil auf der Basis der abgegebenen gültigen Stimmen als bei den Wahlen 2013 und 2014, ohne dass aber die absolute Zahl der AfD-Wähler tatsächlich zugenommen hätte. Nirgendwo wurde zudem berichtet, dass die Zahl der Wahlberechtigten, die nicht gewählt hatten, mit über 54 Prozent zehnmal größer war als die Zahl der AfD-Wähler (5,4 Prozent bezogen auf alle Wahlberechtigte). In Frankfurt am Main gab es bei über 60 Prozent Nichtwählern gar 20-mal mehr Nichtwähler als Wähler der AfD (3,3 Prozent aller Frankfurter Wahlberechtigten). Nicht berichtet wurde auch darüber, dass die Zahl der Wähler der rechtsradikalen Republikaner bei der hessischen Kommunalwahl 1993 mit 6,4 Prozent aller Wahlwilligen höher war als die Zahl der AfD-Wähler 2016 (5,4 Prozent).

In der Berichterstattung über den Ausgang der Kommunalwahlen in Hessen wurde überdies von allen Medien behauptet, bei der Entscheidung der Wähler in Hessen habe ein einziges Thema, nämlich die Flüchtlingsfrage, die wichtigste Rolle gespielt. Diese - mit der Realität nicht in Übereinstimmung stehende These - wurde auch von vielen politischen Akteuren übernommen, weil man dann nicht mehr über die wahren Ursachen des schwachen Abschneidens der früheren Volksparteien CDU und SPD sowie die extrem hohe Zahl der Nichtwähler nachdenken musste. Doch die Flüchtlingsfrage spielte nicht die entscheidende Rolle bei der Wahlentscheidung der hessischen Wähler.

So gaben in den vier Orten, in denen Forsa vor der Kommunalwahl im Auftrag der »Frankfurter Neuen Presse« Untersuchungen durchgeführt hatte (Frankfurt am Main, Limburg, Hofheim am Taunus und Bad Homburg) nur zwischen zwölf und 30 Prozent der Bürger an, dass die Zahl der Flüchtlinge und Ausländer das wichtigste Problem in der jeweiligen Gemeinde sei. Andere Probleme - wie die vielfältigen Probleme des Verkehrs, die Lage am Wohnungsmarkt oder der Zustand der Schulen - waren für die Bürger genauso wichtig oder sogar wichtiger.

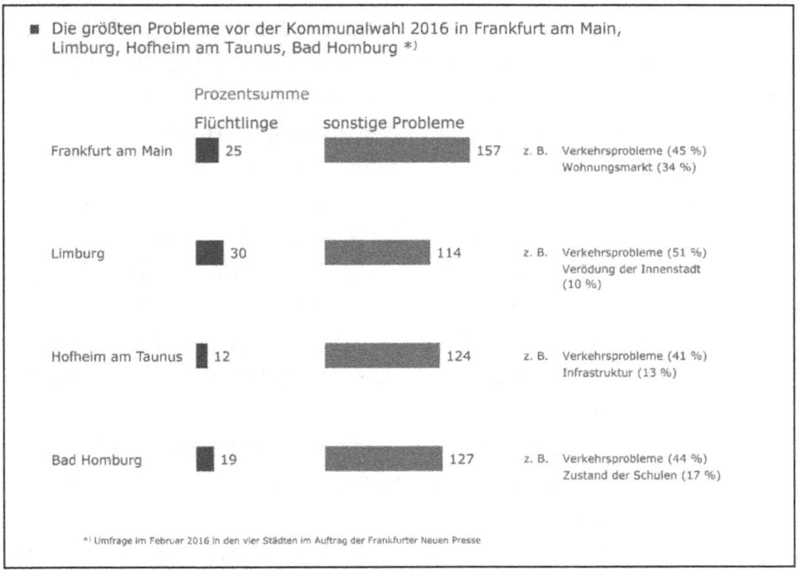

Und wenn die Flüchtlingsfrage das einzige Thema gewesen wäre, das die Wahlentscheidung der Hessen bei der Kommunalwahl beeinflusst hätte, dann hätten die Veränderungsraten für die Parteien in den 426 Gemeinden des Landes weitgehend ähnlich sein müssen. Doch dem ist nicht so: So gewann die CDU in einigen Gemeinden bis zu 20 Prozentpunkte im Vergleich zur Kommunalwahl 2011 hinzu, während sie in anderen Gemeinden bis zu 20 Prozentpunkte verlor. Bei der SPD war die Differenz zwischen den Gemeinden mit den größten Zuwächsen (bis zu 17 Prozentpunkte im Vergleich zu 2011) und den Gemeinden mit den größten Verlusten (bis zu einem Minus von 37 Prozentpunkten) ähnlich ausgeprägt.

Die die Realität extrem verzerrende Berichterstattung über die Kommunalwahl in Hessen, die in so gut wie allen Medien zu finden war, dürfte einen wesentlichen Einfluss auf die Mobilisierung der AfD-Wähler bei den eine Woche später, am 13. März, stattgefundenen Landtagswahlen in Baden-Württemberg, Rheinland-Pfalz und in Sachsen-Anhalt gehabt haben, bei denen die AfD zum ersten Mal bei Wahlen seit der letzten Bundestagswahl in nennenswertem Maße mehr Stimmen erhalten hat als im September 2013.

Die falsche Einschätzung der Bedeutung der Flüchtlingsfrage dürfte für die überdurchschnittliche Mobilisierung der AfD-Anhänger bei den Wahlen am 13. März eine große Rolle gespielt haben. Dabei steht die »Flüchtlingsfrage« nicht an erster Stelle der Sorgen, die sich die Mehrheit der Bundesbürger machen. So fühlten sich laut des regelmäßig vom »Stern« erhobenen »Sorgenbarometers« über 80 Prozent aller Bundesbürger Anfang 2016 persönlich beunruhigt bzw. bedroht durch die gewalttätigen Angriffe auf Flüchtlingsheime und den Zulauf zu rechtsextremen Gruppen. 60 oder mehr Prozent machten sich Sorgen wegen möglicher Armut im Alter, drohender Terroranschläge, der Zukunft der Kinder und Enkel sowie über das Ausmaß der Kriminalität. Erst dann folgte die Zahl der Flüchtlinge, über die mit 46 Prozent deutlich weniger besorgt und beunruhigt sind. Noch weniger Sorgen machte den Deutschen Anfang 2016 nur der Zulauf zu linksextremen Gruppen und die Lage am Arbeitsmarkt.

Für die AfD-Anhänger jedoch war die Flüchtlingsfrage das Thema, das ihnen am meisten Sorgen bereitet und das wie ein Magnet bei der Wählermobilisierung wirkte.

Ausgeblendet wurde und wird bei der Berichterstattung über die AfD auch, dass es in Deutschland schon immer nach dem Zusammenbruch des Nationalsozialismus ein latentes Potential von über zehn bis 15 Prozent aller Wahlberechtigten – je nach Definition – gab, die für rechtsradikales bzw. fremdenfeindliches Gedankengut anfällig sind. Dieses Potenzial wurde aber bei Wahlen von rechtsradikalen Parteien keinesfalls permanent, sondern nur hin

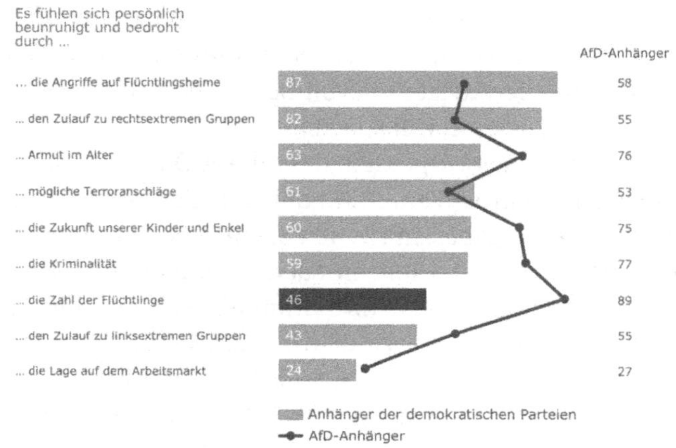

■ „Sorgenbarometer" der Deutschen 2016

und wieder bei bestimmten politischen Konstellationen und meist auch nur zu einem Teil ausgeschöpft. Dies war z. B. bei den Landtagswahlen in der zweiten Hälfte der 1960er-Jahre der Fall, als die NPD von 5,7 Prozent aller Wahlberechtigten gewählt wurde und in sieben der damaligen zehn Landtage vertreten war. Bei der Europawahl 1989 wählten 7,1 Prozent aller Wahlberechtigten die rechtsradikalen Republikaner (und die DVU), die mit sechs Abgeordneten ins Europaparlament einzogen. 1992 wurden die Republikaner bei der Landtagswahl in Baden-Württemberg von 10,9 Prozent aller Wahlberechtigten gewählt. In Sachsen-Anhalt wurde bereits bei der Landtagswahl 1998 die DVU von 12,9 Prozent aller Wahlberechtigten gewählt. Und die »Schill-Partei« erhielt bei der Bürgerschaftswahl 2001 in Hamburg gar die Stimmen von 19,4 Prozent aller Hamburger Wahlberechtigten.

Dass die AfD in der Summe der drei Landtagswahlen vom 13. März auf einen Anteil von 10,7 Prozent aller Wahlberechtigten kam, ist trotz des zum ersten Mal seit 2013 zu registrierenden Stimmenzuwachs im Vergleich zur Bundestagswahl ein Anteil, der mit den schon früher zu beobachtenden Anteilen zu vergleichen ist. Alle bisherigen rechtsradikalen Parteien spielten aber recht bald nach ihren Wahlerfolgen im politischen Leben der Republik keine Rolle mehr, so dass eine Glorifizierung der AfD im Augenblick keinesfalls angebracht ist.

Ist die AfD eine »Volkspartei«?

In den Medien wird die AfD häufig auch als eine Partei charakterisiert, die aus der »Mitte der Gesellschaft« komme (»Wutbürger von Oberursel bis Dresden«, wie der »Stern«-Autor Tilman Gerwien diese Bewegung geradezu liebevoll beschrieb). Deshalb sei sie durchaus so etwas wie eine Volkspartei.

Dabei wird allerdings vergessen, dass die AfD trotz ihrer Stimmengewinne bisher nur von einer Minderheit aller Wahlberechtigten gewählt wurde. So gaben in Hessen 5,4, in Rheinland-Pfalz 8,7, in Baden-Württemberg 10,5 und in Sachsen-Anhalt 14,5 Prozent aller Wahlberechtigten der AfD ihre Stimme. Die Zahl der Nichtwähler aber war in allen Ländern deutlich größer als die Zahl der AfD-Wähler: In Baden-Württemberg und Rheinland-Pfalz beteiligten sich rund 30, in Sachsen-Anhalt rund 40 und in Hessen über 50 Prozent nicht an der Wahl. In allen vier Ländern ist somit die »Partei der Nichtwähler« die stärkste Gruppe, während die AfD-Wähler im Vergleich dazu nur eine Minderheit darstellen.

■ Wähler und Nichtwähler bei den Kommunal- und Landtagswahlen 2016 in Hessen, Baden-Württemberg, Rheinland-Pfalz und Sachsen-Anhalt (in % der Wahlberechtigten)

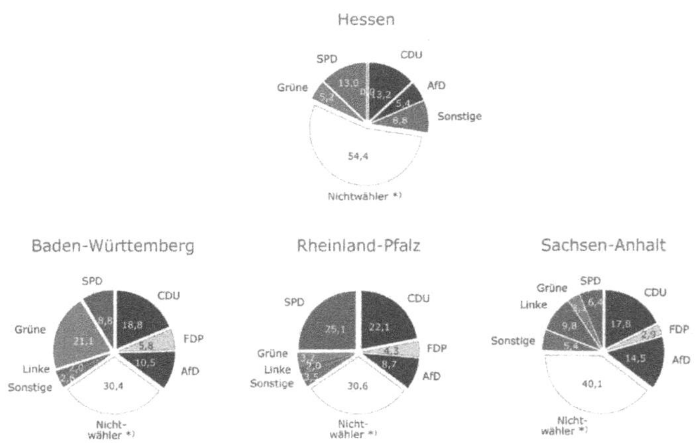

*) einschließlich ungültige Stimmen

Unabhängig von der Zahl ihrer Wähler kann man aber eine Partei auch nur dann als »Volkspartei« bezeichnen, wenn sie nicht nur die Interessen einer homogenen Klientel, sondern die verschiedener heterogener Wählergruppen vertritt und bündelt. Doch das ist bei der AfD nicht der Fall. Die Anhänger und Wähler der AfD zeichnen sich durch große Homogenität aus – insbesondere, was ihre Abneigung bestehender politischer Institutionen anbelangt. Sie vertreten mit ihren Ansichten auch nicht – wie sie vorgeben – »das Volk«, sondern unterscheiden sich fundamental von den Einschätzungen, Meinungen und Einstellungen der überwiegenden Mehrheit der Bürger.

Allein die Tatsache, dass rund 70 Prozent der derzeitigen AfD-Anhänger Männer sind, widerlegt die Einschätzung, die AfD sei eine »Volkspartei«. Dass die AfD keine Volkspartei ist, zeigt sich aber auch daran, dass über drei Viertel ihrer Anhänger – obwohl es ihnen objektiv relativ gut geht und viele über ein mittleres bis höheres Einkommen verfügen – überaus pessimistische Erwartungen im Hinblick auf die zukünftige Entwicklung der wirtschaftlichen Verhältnisse in Deutschland haben, dass über zwei Drittel anderen Menschen misstrauen, fast zwei Drittel sich von Muslimen bedroht fühlen und alle (!) AfD-Anhänger mit Merkels Flüchtlingspolitik nicht zufrieden sind. Und während eine große Mehrheit der Anhänger aller anderen Parteien bei einer Volksabstimmung für den Verbleib Deutschlands in der Europäischen Union stimmen würde und auch an eine Zukunft der EU glaubt, ist nur eine Minderheit der AfD-Anhänger für einen Verbleib Deutschlands in der EU und gibt Europa noch eine Zukunft.

■ Die AfD-Anhänger und das „Volk"

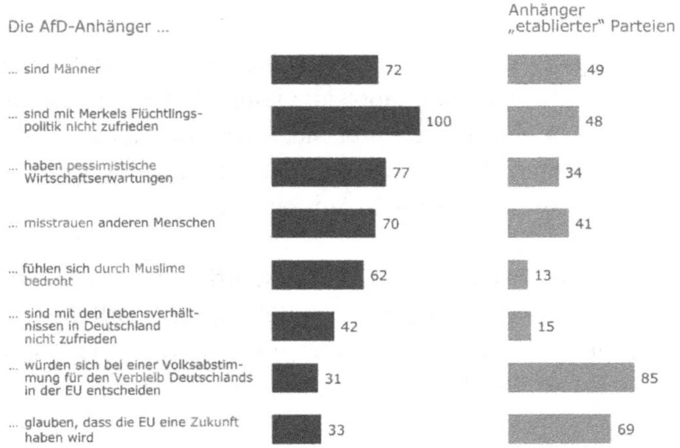

Die AfD-Anhänger lehnen - anders als die große Mehrheit des gesamten Wahlvolks - zu einem großen Teil auch das demokratische politische System und die es tragenden Institutionen ab. Während 75 Prozent der Anhänger der »etablierten« demokratischen Parteien dem Bundespräsidenten und 65 Prozent der Kanzlerin großes Vertrauen entgegenbringen, sind es von den AfD-Anhängern nur 31 bzw. zwölf Prozent. Auch das Vertrauen zur jeweiligen Landesregierung, zur Bundesregierung, zum Bundestag oder zur Europäischen Union ist bei AfD-Anhängern deutlich geringer als bei den Anhängern der anderen Parteien.

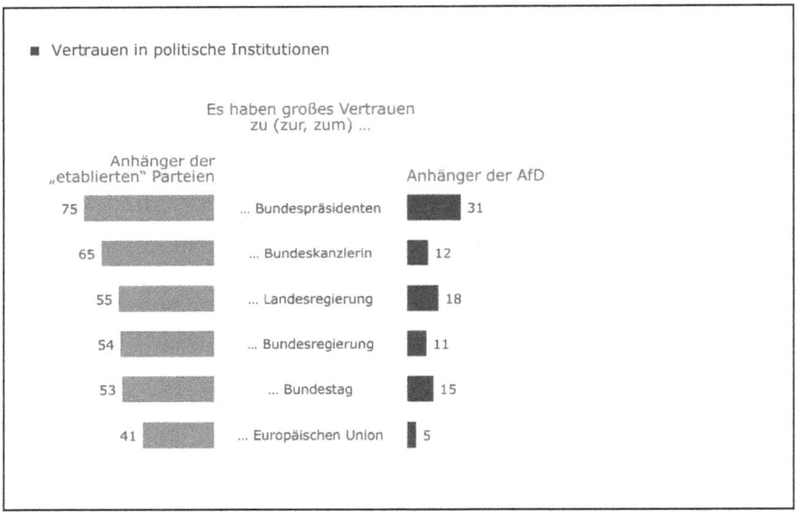

Deutlich geringeres Vertrauen als die Anhänger aller anderen Parteien haben die AfD-Anhänger auch zu vielen politischen Akteuren. So erreicht Angela Merkel auf einer Skala von null bis 100 bei den Anhängern der »etablierten« Parteien im Durchschnitt einen Vertrauenswert von 69, bei den AfD-Anhängern aber nur einen Wert von 22.

Ein höheres Vertrauen haben bei den AfD-Anhängern Frauke Petry und Horst Seehofer. Seehofer ist bei den AfD-Anhängern mit einem Vertrauenswert von 69 Punkten sogar deutlich beliebter als Frauke Petry (47 Punkte).

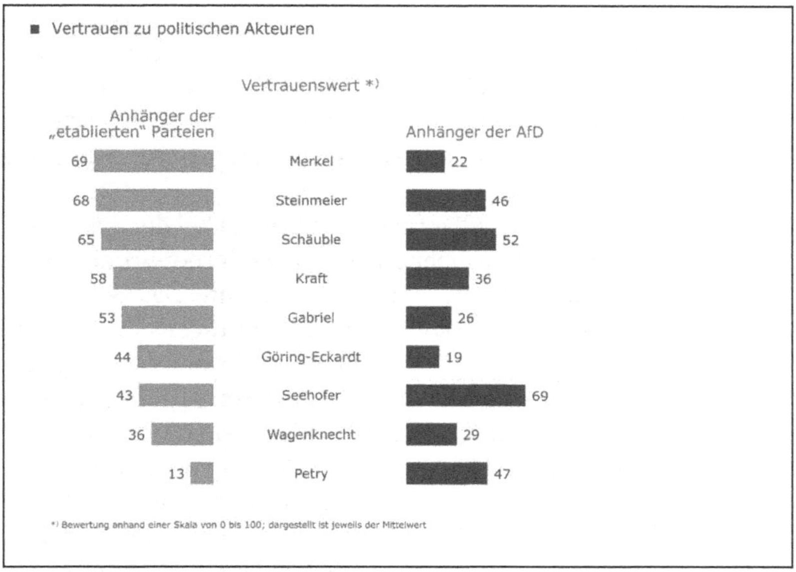

Die AfD ist auch nach ihrem relativ guten Abschneiden bei den Landtagswahlen in Baden-Württemberg, Rheinland-Pfalz und Sachsen-Anhalt keine Volkspartei, sondern sie wird nach wie vor überwiegend nur von einer Minderheit der Wahlberechtigten gewählt, die anfällig sind für rechtsradikales, fremdenfeindliches Gedankengut. Sie ist somit eine »Klientel-Partei«, die die Interessen eines bestimmten Segments der Gesellschaft vertritt, und zwar des Teils, der dem latent rechtsradikalen Potenzial zugehörig ist.

Dass die AfD eine Klientel-Partei für den rechten Rand des Parteienspektrums ist, zeigt sich überdies klar bei einem Vergleich der politischen Selbsteinschätzungen der Stammwähler der einzelnen Parteien und der zur AfD abgewanderten früheren Wähler der einzelnen Parteien. Alle von den einzelnen Parteien zur AfD abgewanderten Wähler verorten sich auf der Links/Rechts-Skala (von 1 = »links« bis 10 = »rechts«) deutlich »rechter« als die jeweiligen Stammwähler der Parteien. Zur AfD wandern somit von allen Parteien jene ab, die am rechten Rand des politischen Spektrums angesiedelt waren, bisher aber keine der rechtsradikalen Parteien gewählt, sondern sich hinter anderen Parteien »versteckt« haben.

Ausblick

Nicht nur für die AfD, sondern auch für viele politische Beobachter scheint es ausgemacht, dass die AfD sich – anders als frühere rechtsradikale Bewegungen – auf Dauer im deutschen Parteienspektrum etabliert hat und deshalb auch im nächsten Bundestag vertreten sein wird.

Doch noch verfügt die AfD trotz ihrer Erfolge bei den Landtagswahlen im März keinesfalls über ein festes Wählerpotenzial, das sie bei jeder Wahl ohne weiteres mobilisieren könnte. Das zeigt allein ein Blick auf die sehr stark schwankenden Umfragewerte. So sank die AfD im Sommer 2015 – also vor noch nicht mal einem Jahr – nach dem Machtkampf zwischen Lucke und Petry unter die Fünf-Prozent-Marke. Erst im Herbst 2015 erreichte sie durch die intensive Diskussion über die Flüchtlingsfrage Werte von deutlich über zehn Prozent. Doch mit dem geringer gewordenen Interesse an der Flüchtlingsfrage gingen die AfD-Werte auch wieder deutlich zurück. Und nach wichtigen Ereignissen – wie Terroranschläge oder die »Brexit«-Abstimmung in Großbritannien – bewegen sich die Werte für die AfD regelmäßig nach unten, weil viele merken, dass die AfD für die wirklich drängenden Probleme im Land und der Welt keinerlei Lösungen anzubieten hat.

Bedacht werden sollte bei der Auseinandersetzung mit der AfD aber immer, dass die AfD alles andere als eine politische Gruppe besorgter Bürger aus der »Mitte der Gesellschaft« ist, mit denen man wie mit Anhängern anderer politischer Parteien oder Gruppen reden und diskutieren kann. Ihre Anhänger und Wähler gehören zu jenem Segment der Gesellschaft, die anfällig sind für rechtsradikales und fremdenfeindliches Gedankengut. Sie fühlen sich durch den sozialen Wandel bedroht und halten sich für subjektiv benachteiligt (obwohl es ihnen überwiegend ökonomisch gut geht). Für ihre – so gefühlte – Benachteiligung und ihre Ängste machen sie andere verantwortlich. 2013 war es der Euro, danach waren es die Flüchtlinge, denen die AfD-Anhänger großen Hass entgegenbringen – vor allem jene, die überhaupt keine Erfahrungen mit Ausländern haben.

Mit den meisten der hasserfüllten AfD-Anhänger kann deshalb auch nicht diskutiert werden – sie bleiben trotz aller gegen sie und ihre ideologische Verbohrtheit sprechenden Tatsachen bei ihren irrealen Wahnvorstellungen.

Gegen den AfD-Spuk hilft nur eine Koalition der »Anständigen«, die sich ganz klar und eindeutig vom rechten Rand abgrenzen und distanzieren. Verharmlosungen der AfD als »normale« politische Partei sind angesichts der ideologischen Verblendetheit der AfD-Anhänger unangebracht. Notwendig ist eine realistische Sicht und Einschätzung der Gefahr, die der in langen Jahren mühsam in Deutschland etablierten Demokratie durch die Hasstiraden der AfD drohen. Deshalb sollte man sich an die Einschätzung und Mahnung erinnern, die der Nestor der empirischen Sozialforschung in Deutschland nach 1945, René König, im Rückblick auf die Machtergreifung der Nationalsozialisten einst so formulierte: »So wurde die intellektuelle Oberschicht Berlins fortgeschwemmt, von der großen Grundwelle, die sich aus einer unsagbaren Tiefe erhob, ungreifbar und in ihrer Existenz vorher auch nur von wenigen vorausgeahnt, obwohl an und für sich die Möglichkeit des Blicks in die Tiefe überall und jedermann offenstand.«

Florian Kain

Die AfD polarisiert wie keine andere Partei in Deutschland

Der Aufstieg der »Alternative für Deutschland«, der für die Bundestagswahl 2017 bis zu 15 Prozent der Stimmen vorausgesagt werden, ist ein Top-Thema für alle deutschen Medien. Das Informationsbedürfnis der Leser und Zuschauer über die Entwicklungen in der AfD erstreckt sich längst nicht nur auf den Wähler-, Mitglieder- und Sympathisantenkreis der Partei, was auch Nutzerstatistiken und Einschaltquoten eindrucksvoll zeigen.

Es klingt banal: Die AfD interessiert alle, weil sie derzeit so polarisiert wie keine andere Partei in Deutschland. Und die AfD produziert Nachrichten am laufenden Band. Politikredakteure sind darum gut beraten, die AfD nicht per se anders zu behandeln als andere Parteien, sondern ihr mit den bewährten Regeln des Nachrichtengeschäfts zu begegnen. Es gilt der Recherche- und Informationsauftrag. Dazu müssen wir möglichst genau wissen, was in der AfD vor sich geht. Dann können wir auch einordnen und kommentieren, können das Gesellschaftsbild ihrer maßgeblichen Akteure herausarbeiten. Und den Finger in die Wunde legen, wenn Anspruch und Wirklichkeit auseinanderklaffen, wenn beispielsweise die Führung dieser angeblich bürgerlichen Partei im internen Umgang miteinander nahezu alle bürgerlichen Anstandsformen fahren lässt, wie das in verschiedenen parteiinternen Machtkämpfen zu besichtigen war.

Grundsätzlich gilt dabei aber, dass Journalisten keinen »Erziehungsauftrag« haben. Die AfD ist ein (relativ neues) Objekt der Berichterstattung. Nicht weniger, aber auch nicht mehr.
Das führt mich zu vier Thesen.

1. Die AfD-Berichterstattung lässt sich sehr gut personalisieren.

Bislang profitierte der »gärige Haufen«, wie Parteivize Alexander Gauland die AfD charakterisierte, von seiner Unperfektheit, Unkoordiniert- und Zerstrittenheit. Dadurch entstanden mediale Reibungsflächen und Aufmerksamkeit. Diese Reibungsflächen funktionieren nicht nur auf dem Boulevard ausgezeichnet, der mehr als andere Medien-Genres nach Personalisierung strebt.

So geschehen im Sommer 2016, als die AfD in einem Zeitraum von nur wenigen Tagen gefühlt die halbe Nation beschäftigte. Erst Alexander Gaulands – von der »Frankfurter Allgemeinen Sonntagszeitung« an die Öffentlichkeit gebrachte – Satz über den Nationalspieler Jérôme Boateng, den »die Leute« seiner Meinung nach zwar als Fußballer gut fänden, aber trotzdem nicht als Nachbarn haben wollten.

Dann das in jeder Hinsicht einmalige Hintergrundgespräch im Berliner Café »Einstein«, bei dem sich Alexander Gauland gemeinsam mit dem Thüringer AfD-Scharfmacher Björn Höcke und Frauke Petrys Co-Chef Jörg Meuthen bitterlich über angebliche charakterliche und politische Defizite der Parteivorsitzenden beklagte, die keinesfalls alleinige Spitzenkandidatin der AfD bei der Bundestagswahl 2017 werden dürfe. Das sickerte natürlich durch – und sollte es auch. Und schließlich: Das Gehakel um den Ausschluss des mit gravierenden Antisemitismus-Vorwürfen konfrontierten Abgeordneten Wolfgang Gedeon aus der baden-württembergischen Landtagsfraktion, das in einem bizarren und ungeniert auf offener Bühne aufgeführten Machtkampf zwischen Jörg Meuthen und Frauke Petry mündete.

Die Vorsitzenden hatten sich ausgerechnet den Fall Gedeon ausgesucht, um nach dem »Einstein«-Treffen ihre innerparteilichen Kräfte zu messen. Ergebnis: Eine zerlegte Landtagsfraktion – und das, obwohl Gedeon schließlich doch freiwillig gegangen war. Zwei Parteichefs, die sich womöglich auf einem Sonderparteitag einem neuen Mitgliedervotum stellen müssen. Und eine Gesamtpartei, der eine weitere Teilung bevorstehen könnte – nicht entlang des Meuthen- oder Petry-Lagers, wohl aber eine in Rechts und Rechtsaußen.

2. Die AfD scheitert medial an ihren eigenen Vorsätzen.

Es war von unfreiwilliger Komik, dass sich die AfD-Parteiführung nur wenige Tage vor dem Eklat in Stuttgart auf einer Klausurtagung im niedersächsischen Braunlage »neue Kommunikationsregeln« auferlegte. Demnach sollten Äußerungen über Vorstandskollegen künftig nur dann erlaubt sein, »wenn vorab mit der betroffenen Person gesprochen wurde«. In Fällen von »Krisenkommunikation« wie der Aufregung um Gaulands Boateng-Äußerung, die es sogar zur Spitzenmeldung der »Tagesschau« schaffte, solle nur noch eine einzige Stellungnahme der Partei erfolgen, »auf die von anderen Gliederungen verwiesen werden darf, ohne weitere persönliche Kommentare beziehungsweise Zitate hinzuzufügen«.

Tatsächlich gibt es keinen AfD-Parteifunktionär, der schweigt, nur weil sich ein anderer bereits zum Thema geäußert hätte. Frauke Petry und Jörg Meuthen demonstrierten in diesem Sommer, dass sie sogar fast nur noch übereinander und substanziell überhaupt nicht mehr miteinander reden. Spätestens in Stuttgart wurde die These widerlegt, wonach das gesamte AfD-Spitzenpersonal quasi einer orchestrierten und perfekt ausgefeilten Methode folgend immer wieder neue skandalträchtige Formulierungen und Forderungen produziert, um sich so mediale Dauerpräsenz zu sichern. Davon ist diese Partei weit entfernt. So professionell agiert sie nicht. Im Gegenteil.

3. Die AfD provoziert, aber sie hat keine Kommunikationsstrategie.

Natürlich ist es die Masche maßgeblicher AfD-Politiker, immer ein bisschen weiter an der Empörungsschraube zu drehen, um dann nach allgemeiner Empörung wieder ein Stück zurückzuweichen. Zumindest bislang steht dahinter aber keine planvolle Strategie.

Vielmehr wird in der AfD-Führung sogar erkannt, dass »unnütze Provokationen durch verfehlte Sprachbilder«, wie sie etwa die Bundesvorstandsmitglieder Alice Weidel und Georg Pazderski in einem internen Strategiepapier anprangerten, der Partei kurzfristig Aufmerksamkeit einbringen, auf lange Sicht aber schaden können.

Parteivize Alexander Gauland, zum Beispiel, hält sich nicht daran. So hatte niemand den 75-Jährigen dazu gezwungen, wenige Tage nach dem Skandal um seine Boateng-Äußerung in einem »Spiegel«-Interview nachzulegen und zu beklagen, dass die deutsche Fußball-Nationalmannschaft schon lange »nicht mehr deutsch« sei. Dadurch wiederum sah sich dann auch noch seine Vorstandskollegin Beatrix von Storch animiert, nach dem EM-Aus der Deutschen im sozialen Netzwerk Twitter gegen die Spieler mit Migrationshintergrund zu hetzen: »Vielleicht sollte nächstes mal dann wieder die deutsche NATIONALMANNSCHAFT spielen?« Solche Äußerungen bringen der Partei viel (Negativ-)Aufmerksamkeit.

Die großen Parteien, die sich jetzt so von der AfD herausgefordert sehen, hielten sich lange an die Taktik, die AfD dadurch zu bekämpfen, dass man sie ausgrenzt, pauschal als rechtsextrem bezeichnet, weitestgehend ignoriert und, wie die Republikaner in den 1990er-Jahren, für unwählbar erklärt. Dafür steht beispielhaft die Aussage von Unionsfraktionschef Volker Kauder (CDU) aus dem Mai 2014: »Mit denen möchte ich nicht in Talkshows sitzen.« Es ist angesichts der Landtagswahlergebnisse der AfD offenkundig, dass diese Strategie gescheitert ist, sie wird auch schon korrigiert. Für Nachrichtenmedien verbot sich ein solcher Umgang mit der AfD ohnehin.

In diesem Zusammenhang ist wichtig, dass die AfD die sozialen Medien so erfolgreich nutzt wie keine andere Partei. Allein auf Facebook folgen ihr (Stand: Juli 2016) etwa 279.000 User. Zum Vergleich: Nur knapp 111.000 Personen haben bislang die CDU-Seite geliked. Die AfD kann über diese Kanäle – ganz ohne Mitwirkung klassischer Medien – kostengünstig, ungefiltert und zielgruppengerecht kommunizieren, weshalb der Landesvorsitzende der AfD in Nordrhein-Westfalen, Marcus Pretzell, bereits auf Facebook triumphierte: »Der Journalismus ist tot, lang lebe Social Media.«

Tatsächlich aber war es eben ein BILD-Bericht, der den Skandal um die antisemitischen Thesen des früheren Stuttgarter AfD-Landtagsabgeordneten Wolfgang Gedeon ins Rollen gebracht hatte. Man musste dafür die seit Jahren zugänglichen Pamphlete Gedeons durcharbeiten. Darin konnte jeder nachlesen, wie Gedeon die Verbrechen des Holocausts als »gewisse Schandtaten« verharmlost und die »Protokolle der Weisen von Zion« für echt hält. Geleistet wurde das von Journalisten.

Es ist wichtig, dass die klassischen Medien die AfD hier immer wieder aufs Neue stellen, dabei aber nicht auf Inszenierungen wie das Doppelspiel von Jörg Meuthen hereinfallen, der sich in der Causa Gedeon geschickt als Vertreter des gemäßigt-liberalen Parteiflügels inszenierte, obwohl er andererseits keinerlei Scheu davor hatte, mit dem zu völkischen Argumentationsmustern neigenden AfD-Rechtsaußen Björn Höcke zu paktieren, um Frauke Petry zu stürzen.

Tatsächlich führt Höcke ein Lager in der Partei an, dessen intellektuelle Nähe zum rechtsextremen Milieu auch AfD-intern mit Besorgnis gesehen wird. Höcke soll noch am Tag des Sturzes von Parteigründer Bernd Lucke 2015 vor seinen Leuten ausgerufen haben, dass Frauke Petry »als nächste« dran sei. Seine tiefe Abneigung gegen die an Inhalten nur peripher interessierte Pragmatikerin der Macht ist vor allem ideologisch motiviert. Und es ist Fakt, dass die führenden Vertreter der sogenannten »Patriotischen Plattform« der AfD, zu denen neben Höcke auch der Islamwissenschaftler Hans-Thomas Tillschneider gehört, keinen Hehl daraus machen, dass sie unter dem Einfluss von Leuten wie dem Verleger Götz Kubitschek stehen. Kubitschek ist aktuell der prominenteste Vertreter der »Neuen Rechten« in Deutschland, die mit der Demokratie nicht sonderlich viel am Hut hat, wie es aussieht. »Die Welt« nannte Kubitschek deshalb bereits den »geistigen Führer« dieses Flügels in der AfD, obwohl er selbst gar nicht Mitglied der Partei ist.

Hinter dem Kampf zwischen Petry und ihren Gegnern verbirgt sich, das beweist die Beteiligung Höckes, somit ein – bislang nur in Umrissen erkennbarer – Konflikt um die Ausrichtung der Partei. Dieser Konflikt wird die AfD auch nach der Klärung der Machtfrage im Bundesvorstand weiter prägen.

Es wird sich zeigen, welche Konsequenzen die AfD aus dem Fall Gedeon zieht. Tatsächlich gibt es in der Partei Hunderte, vielleicht sogar Tausende Gedeons. Die AfD dürfte sich weiterhin sehr schwer damit tun, sich von diesen Mitgliedern glaubwürdig abzugrenzen oder gar zu trennen. Das hängt, wie die »Frankfurter Allgemeine Zeitung« treffend feststellte, mit der »verantwortungslosen Verantwortung« der AfD, mit ihrem »wunden Punkt« zusammen, keine Tabuzonen und Redeverbote zulassen zu wollen, selbst wenn es noch so sinnvoll wäre.

4. Die AfD versucht, Medien zu diskreditieren, und hält sich nicht an Spielregeln.

Die AfD lebt bislang erstaunlich gut davon, sich als Opfer einer angeblich unfairen »Lügen-« oder »Pinocchiopresse« zu inszenieren, womit sie diejenigen versucht zu diskreditieren, die sie beobachten. Frauke Petry bedient in ihren Reden kein Sujet engagierter Parteimitglieder, zuletzt beim AfD-Parteitag in Stuttgart im Mai 2016, als sie den Mitgliedern in Anwesenheit der 300 akkreditierten Journalisten entgegenrief: »Lesen Sie heute und morgen keine Zeitungen, sonst wissen Sie nicht, auf welchem Parteitag Sie gewesen sind.« Schon klar, dass Petry es nicht passte, dass angesichts der massiven parteiinternen Kritik an ihrem Führungsstil und der kurz vor dem Parteitag von ihren »Parteifreunden« eröffneten Debatte um ihre Spitzenkandidatur 2017 in etlichen Berichten die Frage diskutiert wurde, wie lange diese Vorsitzende eigentlich noch an der Spitze überleben werde.

Tatsächlich funktioniert die Selbststilisierung als Opfer bei der Anhängerschaft der AfD aber ausgezeichnet. Das spiegelt sich unter anderem in den sozialen Netzwerken wider, in denen sich tausende Hass-Tweets und Postings gegen Journalisten finden.

Es ist eine der speziellen Herausforderungen für Reporter, dass führende Vertreter dieser Partei sich nicht an Spielregeln halten, aber ihrerseits Journalisten permanent Regelverletzungen unterstellen. Sie profilieren sich so zulasten der Medien bei einem teils zu Verschwörungstheorien neigenden Publikum.

Dagegen hilft nur: professionelle Recherche und Genauigkeit, auch in der Dokumentation. So war es demaskierend, als Anne Will im Juni 2016 Alexander Gauland in ihrer Talkshow damit konfrontierte, dass er die Bundeskanzlerin eine »Kanzlerdiktatorin« genannt hatte. Nachdem Gauland das zunächst nach dem üblichen Muster empört von sich wies (»... ich habe das nicht gesagt. Der gute Satz ist mir nicht eingefallen, ich hätte es gern gesagt, aber es hat Björn Höcke gesagt. Journalismus soll genau sein«), zeigte Anne Will den Mitschnitt eines öffentlichen Auftritts des AfD-Vizes, der das Gegenteil bewies. Gauland hatte gelogen, und der Nachweis dafür war vor einem Millionenpublikum erbracht. Es bringt eben nichts, vor Populisten »in Deckung« zu gehen, wie auch ZDF-Chefredakteur Peter Frey sagte. Im Gegenteil müssen Repräsentanten der AfD auch in Talkshows des öffentlich-rechtlichen Fernsehens eingeladen werden, selbst wenn sie dessen Privatisierung fordern. Dort aber gilt es dann, sie zu konfrontieren.

Ein anderes Beispiel: Als Frauke Petry im Juni 2016 parteiintern heftigen Ärger bekam, nachdem sie in einem Interview der »Welt am Sonntag« einer »brutalen« Rentenkürzung das Wort geredet hatte, versuchte sie die Schuld dafür via Facebook bei der Redaktion abzuladen, die angeblich nur »stark gekürzte« Aussagen veröffentlicht habe (»Wieder einmal gibt es Anlass, die in den Medien veröffentlichten Aussagen klarzustellen...«). Deshalb war es richtig, dass die Redaktion den sich anbahnenden nächsten Shitstorm der AfD-Anhänger gegen die »Lügenpresse« dadurch ausbremste, dass sie das von Petry autorisierte Interview als Screenshot zur »kleinen Erinnerungsstütze« online stellte. Der Kommentar: »Wir haben gar nichts gekürzt! Was Sie zum Thema Rente gesagt und auch autorisiert haben, wurde genau so übernommen – ohne Änderungen!«

Mein Fazit

Journalisten, die sich mit der AfD beschäftigen, hören von Politikern der im Bundestag vertretenen Parteien immer häufiger, dass Redaktionen eine Mitverantwortung für den Aufstieg der AfD trügen, da die Partei insgesamt zu viel Raum in der Berichterstattung erhielte. Dahinter steht der Vorwurf, sich von der AfD instrumentalisieren zu lassen. Doch müssen sich die maßgeblichen Medien in Deutschland nicht vorwerfen lassen, es der AfD bislang leicht gemacht zu haben.

Auch im Bundestagswahljahr 2017 sollten Medien die AfD ohne falsche Scheu, ohne erzieherischen Impetus und präzise behandeln. Gefragt ist das klassische journalistische Handwerk. Es gilt, den politischen Anspruch und die Wirklichkeit in dieser Partei gegeneinanderzustellen – und Frauke Petry, Alexander Gauland, Jörg Meuthen & Co an ihren Worten und Taten zu messen. Dabei muss immer wieder auch nach ihrer Glaubwürdigkeit und Vertrauenswürdigkeit gefragt werden.

Der Präsident des Bundesamtes für Verfassungsschutz, Hans-Georg Maaßen, war bis zum Sommer 2016 der Auffassung, dass die AfD »keine rechtsextremistische Partei« sei, weil man »keinen steuernden Einfluss« Rechtsextremer auf sie feststellen könne. Deshalb seien, so Maaßens damaliger Befund, die Voraussetzungen nicht erfüllt, die AfD durch den Bundesverfassungsschutz beobachten zu lassen.

Doch selbst wenn sich das ändern sollte, gälten die Parameter der Berichterstattung über die AfD trotzdem weiter. So oder so kommt den Medien jetzt die Aufgabe zu, führende AfD-Politiker dazu zu zwingen, Farbe zu bekennen. Das ist herausfordernd. Aber wenn es gelingt, dann ist es das Gegenteil davon, sich instrumentalisieren zu lassen.

Charlotte Knobloch

Die AfD und wir – die Demokraten dürfen den historischen Moment der Bewährung nicht verpassen

Es ist jetzt eine Momentaufnahme. Aber vielleicht werden wir uns dereinst an diesen Moment erinnern – den Moment, da die AfD stark wurde. Und ich hoffe sehr, dass man dann nicht sagen wird, damals hätte man die Bewegung noch aufhalten können. Erstmals seit 1945 etabliert sich eine rechtsradikale Kraft in nennenswerten Teilen der Gesellschaft. Sie gibt sich einen intellektuellen und bürgerlichen Anstrich. Aber die Maske ist gefallen. Längst offenbart sich die Partei in ihrer ganzen Destruktivität, ihrer antimodernistischen Grundhaltung, ihren illiberalen Prämissen und ihrer Unfähigkeit zum demokratischen Diskurs.

Mit der Komplexität, die Freiheit und Vielfalt heute bieten, können sie nicht umgehen. Antworten auf die damit einhergehenden Herausforderungen für Politik und Gesellschaft liefern sie schon gar nicht.

Diese Partei ist keine Alternative für unser Land. Sie ist der Katalysator für Spaltung, Deformierung und Dekonstruktion unserer freiheitlich-demokratischen Errungenschaften der letzten sieben Jahrzehnte.

Richten wir den Fokus auf eine Spitze des Eisbergs: Ein wissenschaftliches Gutachten soll die grundsätzliche Frage klären, ob die AfD eine antisemitische Partei ist. Ein grotesker Vorgang, der aber gut zur Gesamtinszenierung dieser Partei passt.

Der Gutachter-Auftrag hängt mit Wolfgang Gedeon zusammen. In seinem Buch schwadroniert er offen über die »Weltherrschaft« der Juden, beruft sich auf den Talmud, die zentrale religiöse Schrift der Juden, und auf ein Machwerk wie die »Protokolle der Weisen von Zion«, das keine antike schriftliche Überlieferung ist, sondern längst als Fälschung von Judenhassern aus der Zeit der vorletzten Jahrhundertwende decouvriert wurde. Wer dieses von Antisemitismus triefende Erzeugnis des Hasses heutzutage noch ernsthaft zitiert oder als legitime Quelle zur Grundlage seiner antijüdischen Argumentation macht, bewegt sich weit jenseits dessen, was im heutigen politischen Diskurs akzeptabel und tolerierbar ist.

Wolfgang Gedeon kann nicht behaupten, dass er den historischen Zusammenhang beim Schreiben seines Buches nicht kannte. Zwar ist es die geübte Kommunikationsstrategie des AfD-Führungspersonals, gezielte Provokationen und Entgleisungen vom Stapel zu lassen und anschließend zu beteuern, es nicht so gesagt, geschrieben und schon gar nicht gemeint zu haben. Aber freilich sind diese Dementi ebenso wenig glaubwürdig wie alle bisherigen Versuche, sich von Rechtsextremismus, Rassismus und Antisemitismus glaubhaft zu distanzieren.

Bereits feststehenden Antisemitismus unter dem Deckmantel der »Wissenschaft« auf möglichen Antisemitismus begutachten zu lassen, zieht zwangsläufig die Frage nach sich, ob nicht doch die AfD selbst das Problem ist – und nicht nur ein einzelnes Mitglied. Ist es doch mehr als irritierend, dass eine Partei, die solche Thesen und Gestalten hervorbringt, im 21. Jahrhundert in der Bundesrepublik Deutschland eine Rolle spielt. Sie sollte eigentlich in unserem System keinen Spielraum haben – oder zumindest keinen Rückhalt, keinen Zuspruch und keine Chance, in nennenswerter Größe in deutsche Parlamente einzuziehen.

Das Parteiprogramm, immer ein kosmetisch geschöntes Produkt, lässt trotz des Versuchs des bürgerlichen Anstrichs keine

Zweifel an der Fahrtrichtung. Die extremistischen Stimmen und Stimmungen sind jedenfalls unverkennbar und zeigen, wie weit rechts die Partei inzwischen steht.

Sie bewegt sich am Rand des Grundgesetzes. Grenzüberschreitungen werden billigend in Kauf genommen, geduldet oder vorsätzlich verursacht. Die Balance, die den rechten Wähler binden soll, ist eine Mischung aus konservativen bis reaktionären Elementen, völkisch-rassistischem Nationalismus und der bewussten Betonung demokratischer Werte. Grundsätzliche Freiheitsfeindlichkeit und gruppenbezogene Intoleranz, beides Tendenzen, die überwunden schienen, sind fester Bestandteil des Parteiprogramms – und finden Anklang. Zweistellige Stimmenanteile wie bei den letzten Landtagswahlen lassen sich nicht kleinreden – und dürfen auch nicht verharmlost werden! –, noch weniger das dahinter steckende Versagen der demokratischen Kräfte.

Fakt ist: Antisemitismus, Rassismus und Hass sind wieder salonfähig. Sie sind nicht in der Mitte der Gesellschaft angekommen – sie waren nie weg. Und die AfD hat die Klientel mit dieser Gemütslage aufgefangen: die generell oder gerade Unzufriedenen, die Patrioten mit dem Blick nach hinten, die rechte Hardcore-Szene mit dem ausgedehnten Netzwerk, die »besorgten« Bürger, die sich für »das Volk« (»Wir sind das Volk«) halten und solche, die eigentlich nicht genau wissen, was sie warum wollen, außer »denen da oben« einen wahltechnischen Dämpfer zu versetzen. Und dann gibt es noch die Crew mit den Machtansprüchen: Petry, Gauland, von Storch, Meuthen, Höcke, Poggenburg – eitel, machtbewusst, skrupellos, eiskalt. Sie wollen die vermeintlich Unterdrückten – von der »68-er Seuche«, dem »Establishment«, den USA, den Zionisten – »befreien« und »den Deutschen« zu neuem Selbstbewusstsein verhelfen. Alles bewusste Lug-und-Trug-Propaganda ohne realen Hintergrund.

Finger, die auf der Computermaus oder der Tastatur abrutschen und versehentlich »Schießbefehle« auf Flüchtlinge versenden, spiegeln das Niveau der Europaabgeordneten Beatrix von Storch wider, die es auf Provokation angelegt hat – oder nur reduziert denkt? Nicht nur von Storch weiß, wie die Gefolgschaft am rechten Rand der Gesellschaft mit markigen Sprüchen bei Laune zu halten ist. Björn Höcke, der thüringische AfD-Landeschef, beweist sogar Multifunktionalität. Sein völkisch triefendes Gerede gibt nicht nur in den eigenen Reihen etwas her. Auch bei »Pegida« und gleichartigen Extremistengruppen tritt er als verbaler Einpeitscher auf.

Die Verstrickungen mit der NPD und neonazistischen Vereinigungen und Strukturen sind nachweislich vorhanden. So wundert es nicht, dass Frauke Petry und ihre Gefolgsleute die Grenze zu den Rechten nicht ziehen wollen – sie können es nämlich nicht. Ehemalige NPD-Aktivisten, die sich mehr Anerkennung versprechen, und auf Einfluss zielende Neonazis fühlen sich im AfD-Klima gleichermaßen wohl. Dieser Schulterschluss gibt Anlass zur Sorge, der Ist-Zustand ist in den sozialen Netzwerken bereits abgebildet. Viele, die Hass, Rassismus und Antisemitismus verbreiten, finden »Pegida« und AfD gut. Mit Bezug auf die Statistik sind aber auch andere Vergleiche möglich. Etwa der, dass in Bundesländern mit besonders hohem AfD-Anteil besonders viele Übergriffe auf Flüchtlinge erfolgt sind. Ist das kein Beleg dafür, dass verbale Hetze tatsächliche Gewalt provoziert? Versteht man Patriotismus, wie ich ihn fordere, als historisch geläutert, aufgeklärt, werteorientiert und von freiheitlicher Demokratie bestimmt, dann muss auch dazugehören, dass rechtsradikale und deutsch-nationalistische Tendenzen, wie sie bei der AfD erkennbar sind, im Keim erstickt werden.

Teil des Problems ist nach meiner festen Überzeugung ein bestimmter Umgang mit der deutschen Geschichte der Jahre 1933 bis 1945, insbesondere mit dem Holocaust, der Verfolgung und Ermordung der europäischen Juden in deutschem Namen. Nach einer langen Phase des Schweigens setzte schließlich eine Form der Aufarbeitung ein, die bis heute in Teilen geprägt ist von Termini wie »Schuld«, »Schande«, »Scham« und »schlechtem Gewissen«. Allesamt Gefühlslagen und Emotionen, die kaum erträglich sind und demzufolge verheerende, destruktive Auswirkungen haben können. Zumal – und das ist insbesondere bei jedem spätestens nach 1940 Geborenen der Fall – wenn man ohne Zweifel frei von Schuld ist und sich insofern auch völlig zurecht nicht in Mithaftung nehmen lassen braucht. Gerade deswegen ist mir so sehr daran gelegen, den jungen Menschen in Deutschland zu vermitteln, dass sie die Vergangenheit nicht unter dem Aspekt der Schuld und der Scham betrachten sollen, sondern einzig und allein unter dem Bezugspunkt der Verantwortung, die sie im Hier und Heute für morgen tragen. Die Verantwortung der Gegenwart ist immer die Verantwortung für das Erbe der Vergangenheit, angesichts der Zukunft. So erwächst die Einheit von Geschichte gerade aus der jeweils jetzt übernommenen Verantwortung. Erinnern muss also einhergehen mit

Erkenntnis. Und dazu gehört auch der Stolz auf das in den letzten sieben Jahrzehnten Erreichte.

Ich wünsche mir eine deutsche Bevölkerung, die kein schlechtes Gewissen hat hinsichtlich des unveränderlich Vergangenen, sondern die sich aus Liebe zu unserer Heimat – aus echtem Patriotismus heraus – schützend vor die Werte der freiheitlichen Demokratie stellt. Alle Formen der Ausgrenzung, des Rassismus, der gruppenspezifischen Menschenfeindlichkeit, des Antisemitismus, der Verurteilung, Diffamierung und Diskriminierung des vermeintlich »anderen« sind immer Ausdruck von eigener Schwäche, mangelndem Selbstbewusstsein und fehlender eigener Verwurzelung. In Deutschland spielt dabei eine unzulängliche oder schlicht irrläufige »Aufarbeitung« der Geschichte, wie sie leider noch immer in vielen Teilen der Bevölkerung festzustellen ist, eine entscheidende Rolle. Der Weg zu weniger AfD, »Pegida« und Co. führt über ein Umdenken in der Erinnerungskultur, über politische Bildung und die Schaffung von Bewusstsein für Demokratie, Menschenrechte und werteorientierten Patriotismus, die alle Menschen in unserem Land ansprechen und erreichen.

Der Mainstream widerspricht einem konsequent werteorientierten Denken. Gerade was den Antisemitismus betrifft. Und zwar nicht nur im politisch rechtsextremen und -populistischen Spektrum, sondern auch auf der linken Seite. Das Dilemma fehlenden Durchsetzungsvermögens oder -willens versteckt sich hier hinter den drei Buchstaben: BDS. Eine Organisation, die Israel mit einem Totalboykott wirtschaftlich, gesellschaftlich und politisch zur Strecke bringen will. In München zum Beispiel erhielten sie mehrfach Genehmigungen für Aktionen im öffentlichen Raum, auf städtischem oder kirchlichem Boden, in Bayreuth wurde ihnen sogar ein Preis überreicht. Das sind nicht nachvollziehbare Vorgänge. Hinter BDS stecken Antisemiten in Reinkultur. Die USA, England, Spanien und Frankreich haben die Boykottaufrufe deswegen bereits politisch und juristisch untersagt – ausgerechnet Deutschland mit seiner historischen Verpflichtung nicht.

Politische Überzeugungen, die sich im Diskurs und in selbstkritischer Betrachtung gebildet haben, sind nicht der Maßstab, der sich im Netzwerk der BDS und ihrer Befürworter und Unterstützer niederschlägt. Vereint sind sie in einem rational nicht begründbaren Hass auf Israel und die Juden: darunter linke Palästinenser-»Freunde« und genauso dumpfe Schreihälse, die in rechten Foren, auch auf AfD-Seiten, besonders laut werden, wenn es um Ausländer und angebliche Überfremdung geht. Juden zählen in vielen Kommentarspalten grundsätzlich als Ausländer.

Kein Antisemitismus, kein Rassismus mehr, keine Ausgrenzung mehr, keine Unterdrückung mehr auf deutschem Boden wäre die einzige zu ziehende Konsequenz aus der Geschichte. Tatsächlich aber erlebt Antisemitismus wieder eine Blüte, wie ich es vor wenigen Jahren nicht für möglich gehalten hätte. Dabei haben sich in Organisationen wie der Europäischen Union oder den Vereinten Nationen Automatismen breit gemacht, die israelfeindliche Entscheidungen begünstigen. Für die Vereinten Nationen ist die Verabschiedung von Resolutionen gegen den Staat Israel regelrecht zu einem Lieblingsspiel geworden. Weniger freundlich ausgedrückt, könnte man auch von einer Art Besessenheit sprechen, die Ausdruck eines bereits institutionalisierten Antisemitismus ist.

Reflexartige Verurteilungen, Kennzeichnungspflichten und andere Schikanen sind leider längst auch fester Bestandteil europäischer Politik, ohne Widerspruch von deutscher Seite. Von einem engen Partner könnte man mehr Verständnis erwarten. Auch ist es nichts anderes als eine Farce, dass sich die UN an Israel abarbeiten und zugleich ihre Ignoranz und Scheinheiligkeit zeigen, indem sie immun und schweigsam sind angesichts der mehr als zehn Millionen Opfer von Tyrannei und Terrorismus und tatsächlichen Menschenrechtsverbrechen im Nahen Osten gegenüber Jesiden, Bahai, Kurden, Christen und Muslimen sowie Kindern, Frauen und Homosexuellen, die täglich von radikalen Extremisten exekutiert, misshandelt oder vertrieben werden. Wenn zugleich skrupellose Diktatoren und Herrscher vor allem in der arabischen Welt unbehelligt, unangetastet bleiben, wird die Bühne der Menschenrechte und der internationalen Staatskunst zu einem Schmierentheater.

Die Häufung antiisraelischer Entscheidungen und Maßnahmen sind nicht nur ein Schlag ins Gesicht Israels. Sie sind ein Schlag ins Gesicht der besorgten jüdischen Gemeinschaft und ein Schub für Israelfeindlichkeit und Antisemitismus – auch in den Reihen der AfD und ihrer Anhänger.

Damit zurück zur AfD, die schwört, auf dem Pfad der Verfassung zu wandeln und mit Rassismus und Antisemitismus, grundlegende Charakteristika nationalistischer Gesinnung, nichts zu tun zu haben. Die Landesämter für Verfassungsschutz in Bayern und in Baden-Württemberg scheinen einen anderen Eindruck gewonnen zu haben. Der Leiter der bayerischen Behörde, die eher für ihre mediale Zurückhaltung bekannt ist, wurde sogar überraschend deutlich. Von »Personen aus der AfD« sprach er, von »Bezügen zur rechtsextremistischen und islamfeindlichen Szene«, von Auffälligkeiten in anderen »extremistischen Bereichen«, von Politiker-Kontakten zu »Pegida« und gemeinsamen Schnittmengen mit der »Identitären Bewegung«, einer Gruppe, die offen völkisch-rassistisches Gedankengut propagiert.

Daher hat das bayerische Innenministerium das Landesamt für Verfassungsschutz angewiesen, AfD-Funktionären auf die Finger zu schauen. Das ist dringend notwendig. Längst hat die Verrohung hierzulande ein bedenkliches Maß angenommen, und die AfD hat hierzu einen erheblichen Beitrag geleistet. Insbesondere im Internet herrscht zuweilen ein Hass vor, der von Hemmungslosigkeit und Aggression in erschreckendem Ausmaß zeugt. Es ist nur ein kleiner Schritt vom verbalen Hass zur tätlichen Gewalt, wie die Vielzahl an Übergriffen auf Flüchtlingseinrichtungen zeigt. Insofern ist das nachdrückliche Vorgehen gegen Hate Speech im Internet ein vordringliches Ziel, und es ist unerträglich, wie sich Facebook und Co. bei diesem wichtigen Anliegen verweigern.

Fazit: Wovor soll ein Jude heute mehr Angst haben? Vor dem Netzwerk der AfD? Vor der Konfrontation mit ideologisch aufgepeitschten Schlägern? Vor den Boykotteuren, die in letzter Konsequenz Vernichtungsfantasien nacheifern, aber so geschickt getarnt, dass sie als legitime Ansprechpartner gelten? Vor dem islamistischen Terrorismus? Vor der Politik, die Waffen in Länder schleust, die den Terror unterstützen und finanzieren? Vor der westlichen Weltpolitik, die jetzt wieder den Iran hofiert, einen maßgeblichen Waffenlieferanten für die Terrortrupps des Nahen und Mittleren Ostens? Wen stört es schon, dass der Iran mit seinen Raketentests gegen die Bedingungen des Atomabkommens verstößt? »Israel muss ausradiert werden« stand auf den abgefeuerten Mittelstreckenraketen.

Das Ergebnis der unheiligen Allianz von Rechtspopulisten, Rechtsextremisten und Israelgegnern sind zum Beispiel die zweistelligen Wahlergebnisse der AfD. Angst hilft nicht weiter und ist nie ein guter Ratgeber. Es ist höchste Zeit – in diesem Moment! – ehrlich, offen und ernsthaft über den Zustand unserer Demokratie und unserer Gesellschaft zu diskutieren, über den Umgang mit unserer Vergangenheit und über den Umgang mit unserer Gegenwart, über die Lehren, die daraus zu ziehen sind, und wer »wir« in Zukunft sein wollen. Die demokratischen Kräfte sind nicht nur gefordert, sie stehen in der Pflicht. Sie müssen sich bewähren!

Wir brauchen jetzt für die entscheidenden Themen und Fragen, die die Gesellschaft bewegen, überparteiliche Antworten, Konzepte und Zukunftsvisionen. Das kakophone politische Kleinklein führt zu einer Verdrossenheit, einer wachsenden Distanz und schließlich zur Abkehr der Bürgerinnen und Bürger von der politischen Elite – der Anfang vom Ende einer funktionierenden Demokratie.

Auch insofern ist es eine Tragödie, in welchem Zustand sich die Europäische Union befindet. Der Blick auf die Welt, auf die wachsende Zahl von Krisenherden und die globalisierte Gefahr für Frieden, Freiheit, Demokratie und Menschenrechte verdeutlicht, wie schädlich nationale Egoismen und Nabelschau sind. Wir brauchen eine starke und vereinte EU ebenso wie eine starke und geeinte NATO. Nationale Alleingänge im Kampf gegen Extremismus jeglicher Couleur sind längst kein probates Mittel mehr. Nur eine intensivere internationale Zusammenarbeit, eine stärkere Bündelung der Kräfte und ein konsequenteres Vorgehen eröffnen die Chance, die Bildung von Parallelwelten in unserer Gesellschaft zu verhindern. Das gilt für neonazistische Gebilde ebenso wie für islamistische Terroristen. Allein in Deutschland sind es mehr als 500 sogenannte »Gefährder«, die eine latente Bedrohung darstellen, europaweit sind es bereits tausende.

Umso wichtiger ist es, Radikalisierungsprozesse bereits in einem möglichst frühen Stadium zu unterbinden. Das gilt für linksextreme Strömungen genauso wie für radikale Rechte, die längst länderübergreifende Allianzen eingegangen sind, um ihre vergifteten Ideologien konzentrierter einsetzen zu können. Zu ihrer Strategie gehören auch Anbiederungsversuche gegenüber Juden, die Weltoffenheit und Demokratie vorspiegeln sollen. Tatsache jedoch ist, dass Rechtspopulisten und Rechtsextremisten im Kern Antisemiten ohne Wenn und Aber sind. Egal wie sehr sie es abstreiten oder gar zynisch versuchen, Israel zu umwerben. Geschichtsrevisionismus und antisemitische Ressentiments sind feste Bestandteile der rechtsradikalen Gedankenwelt.

Antisemitismus und das Erstarken von antiliberalen und revisionistischen Gruppierungen wie der AfD sind Seismografen für den Zustand einer Gesellschaft, für den Zustand von Freiheit und Demokratie. Insofern sehen wir aktuell zu viele Menetekel, als dass wir uns business as usual und ein »weiter so« leisten könnten. In diesen Monaten und Jahren geht es darum, die freiheitlich-demokratische Verfasstheit unseres Landes nicht nur zu beteuern, sondern zu sichern – sie zu festigen, zu stärken und mit Leidenschaft zu verteidigen. Das ist der Patriotismus, den ich von jeder Demokratin und jedem Demokraten erwarte. Denn eines hat sich unauslöschlich in meiner Seele eingebrannt: Nichts ändert sich schneller als sicher geglaubte Verhältnisse. Es kommt darauf an, den historischen Moment nicht zu verpassen.

Armin Laschet

Sagen, wer sie sind und was sie denken

Man muss die AfD bekämpfen, indem man ihr Menschen- und Deutschlandbild entlarvt

Deutschland im Jahr 2016: Der Bundesrepublik geht es so gut wie selten zuvor in ihrer bald 70-jährigen Geschichte. Nicht nur, dass wir seit Jahrzehnten in Frieden und Freiheit leben. Nein, auch wirtschaftlich prosperiert Deutschland wie kaum ein anderes Land. Die Arbeitslosigkeit ist auf dem niedrigsten Stand seit der Wiedervereinigung und sinkt weiter. Die Steuereinnahmen des Bundes und die Einnahmen der Sozialkassen sind historisch hoch, so dass zugleich ein ausgeglichener Bundeshaushalt und enorme Investitionen in Bildung und Infrastruktur möglich sind. Viele andere Länder bewundern und beneiden uns um unseren Wohlstand, unsere wirtschaftliche Stärke und die anhaltend positive Entwicklung.

Noch vor wenigen Jahren haben wir die größte Wirtschaftskrise der Nachkriegsgeschichte erlebt. Die gute heutige Lage ist also keine Selbstverständlichkeit. Die große Zufriedenheit mit der Politik, die dazu geführt hat, hat sich auch in den Zustimmungswerten für die Union bei der Bundestagswahl 2013 widergespiegelt. Es fehlten nur wenige Stimmen und die Union hätte eine absolute Mehrheit der Mandate im Bundestag erreicht.

Heute, nur drei Jahre später, feiert mit der AfD eine rechtspopulistische Partei große Wahlerfolge. Die »Alternative für Deutschland«, bei der Bundestagswahl 2013 trotz einer aggressiven Anti-Euro-Kampagne noch an der Fünf-Prozent-Hürde gescheitert, sitzt mittlerweile in acht Landtagen sowie im Europäischen Parlament. Wie konnte es dazu kommen, dass ausgerechnet eine Partei wie die AfD in so kurzer Zeit einen so großen Zulauf erhielt?

Ein wesentlicher Grund für die Wahlerfolge der AfD liegt darin, dass es trotz der positiven Entwicklung unseres Landes weiterhin viele Menschen gibt, die sich abgehängt, nicht mitgenommen, benachteiligt oder unverstanden fühlen. Menschen, die sich angesichts der großen Herausforderungen und schnellen Veränderungsprozesse unserer Zeit, etwa durch die fortschreitende Globalisierung und die Digitalisierung aller Lebensbereiche, ernste Sorgen machen. Nicht wenige haben dabei schon länger das Gefühl, in der Öffentlichkeit, den Medien und vor allen Dingen der Politik nicht gehört und nicht verstanden zu werden. Aus Enttäuschung haben sie sich oftmals gesellschaftlich zurückgezogen, an demokratischen Prozessen wie Wahlen nicht mehr teilgenommen oder sich von den etablierten deutschen Parteien entfremdet.

DIE LINKE war als Protestpartei – vor allem in den neuen Ländern – über Jahre hinweg recht erfolgreich darin, diese Unzufriedenheit aufzunehmen und in Wählerstimmen umzusetzen. Sie stellte sich als vermeintlich einzige Alternative zu Union, SPD, Grünen und FDP sowie als Anti-Partei gegen Globalisierung, Freihandel und Europäischen Binnenmarkt dar. Im Zuge der Euro-Rettungspolitik und der europäischen Flüchtlingskrise gelang es jedoch der AfD, der Linkspartei ihre Rolle als Auffangbecken für diffusen politischen Protest abzunehmen und gleichzeitig viele ehemalige Nichtwähler zu mobilisieren. Dadurch, dass sämtliche im Bundestag vertretenen Parteien sowohl in der Euro- als auch in der Flüchtlingspolitik eine gemeinsame Grundhaltung an den Tag legten, fühlten sich all jene, die diese Grundhaltung nicht teilten, politisch kaum mehr repräsentiert. Viele konnten es schlicht nicht nachvollziehen, warum Milliarden-Hilfen für Griechenland erforderlich waren und beschlossen wurden. Die Ankunft von hunderttausenden Flüchtlingen in Deutschland wirkte im letzten Jahr wie ein Katalysator, der das bereits bestehende Unsicherheitsgefühl und die Angst vor Veränderungen in Teilen der deutschen Bevölkerung noch einmal verstärkte. Hinzu kam: Viele der mit der Euro-Rettungspolitik oder der Flüchtlingskrise zusammenhängenden politischen Entscheidungen bedurften großer Eile – umso schwieriger war es für einige Menschen, diese Schritte gedanklich mitzugehen.

Dieses Klima begünstigte die Entwicklung der AfD enorm. Sie greift die Verunsicherung und das Unbehagen vieler Bürgerinnen und Bürger auf und präsentiert vermeintlich einfache Lösungen. Sie bedient damit die Sehnsucht vieler Menschen nach klaren Verhältnissen, simplen Antworten und einer überschaubaren Welt. Nach der Bundestagswahl 2013 konzentrierte sich die AfD dabei zunächst weiterhin auf die Euro-Rettungspolitik. Die Zustimmungswerte der AfD stiegen, so lange die Europolitik im Zentrum der öffentlichen Diskussion stand. Sie sanken allerdings auch genauso schnell wieder, als das Thema aus den Zeitungen und Nachrichtensendungen verschwand.

Doch mit der großen Zahl an Flüchtlingen, die im vergangenen Jahr nach Deutschland kamen, erfuhr die AfD neuen Zulauf. Die Bilder der nach Europa kommenden Flüchtlinge und die Überforderung vieler Städte und Gemeinden bei der Unterbringung der Flüchtlinge lösten in manchen Bevölkerungsteilen Unverständnis und Unbehagen aus. Erneut nutzte die AfD diese Stimmungslage aus und propagierte abermals einfache Antworten: den Rückzug ins Schneckenhaus des Nationalstaats, das Verschließen der Augen vor dem tausendfachen Leid und die Negierung der Verantwortung, die Deutschland in Europa und der Welt trägt. Kurzfristig und parteipolitisch betrachtet ging diese Strategie auf: Die Partei feierte teils beachtliche Wahlerfolge.

Das Paradoxe daran ist: Verschiedene Nachwahlbefragungen haben gezeigt, dass nur rund ein Drittel der AfD-Wähler die Partei aufgrund ihrer Programmatik oder ihrer Lösungsvorschläge wählt. Bis zu 70 Prozent der AfD-Anhänger wählen die Partei nur aus einem einzigen Grund: aus Protest und Verdruss über die anderen Parteien. Das heißt: Den meisten AfD-Wählern ist sehr wohl klar, dass die Welt komplex ist und dass es nur selten rasche und einfache Antworten auf große gesellschaftliche Probleme geben kann. Den meisten dürfte auch bewusst sein, dass sich globale Herausforderungen nicht durch den Rückzug ins Nationalstaatliche lösen lassen. Globale Herausforderungen bedürfen vielmehr einer gemeinsamen Antwort und Strategie der internationalen Gemeinschaft.

Und dennoch ist es vielen Unterstützern der AfD offensichtlich wichtig, ein Signal zu senden und deutlich zu machen, dass man mit zentralen politischen Entscheidungen nicht einverstanden ist, dass man sich sorgt und dass man sich in Anbetracht zahlreicher Probleme allein gelassen fühlt. Bei den Landtagswahlen im März 2016 in Rheinland-Pfalz, Baden-Württemberg und vor allem in Sachsen-Anhalt wurde dieses Signal überdeutlich ausgesandt.

Dieses Signal gilt es auf- und ernst zu nehmen. Alle demokratischen Kräfte und auch die Medien müssen aus dem Erstarken der AfD eine Lehre ziehen. Sie müssen in Zukunft politische Entscheidungen anschaulicher erklären, immer und immer wieder. Gleichzeitig gilt es, deutlich zu machen, wes Geistes Kind die AfD und vor allem ihre führenden Protagonisten sind. Seitdem die konservativ-neoliberalen Kräfte um Parteigründer Bernd Lucke aus der Führungsspitze der Partei herausgedrängt wurden, hat die AfD einen Weg zunehmender Radikalisierung bis hin zu offener Ausländer- und Demokratiefeindlichkeit eingeschlagen.

Bernd Lucke als Parteigründer und all jene, die mit ihrer Arbeit oder Stimme zum Erstarken der AfD beigetragen haben, reiben sich derzeit die Augen und fühlen sich an Goethes Zauberlehrling erinnert: »Herr, die Not ist groß! Die ich rief, die Geister werd ich nun nicht los.« So sagt der frühere AfD-Vizechef Hans-Olaf Henkel heute: »Vernünftige, Anständige und Tolerante können diese Partei nicht mehr wählen!«

Welche zerstörerischen und gefährlichen Geister in der AfD aktiv sind, macht das Anfang Mai 2016 verabschiedete Grundsatzprogramm der Partei deutlich.

In den harmlosesten Passagen des Programms wird das Bild eines Deutschlands in den gesellschaftlichen Umrissen der 1950er-Jahre gezeichnet. Die Partei will das Rad des gesellschaftlichen Wandels nicht nur stoppen, sondern weit zurückdrehen. So werden etwa die Erwerbstätigkeit von Frauen gegeißelt und Alleinerziehende geringschätzt. Man will zurück zur Atomkraft, stellt den Klimawandel als pseudowissenschaftliche Propaganda dar und fordert eine Lockerung des Waffenrechts. Ebenso sollen Bachelor- und Master-Abschlüsse an den Universitäten abgeschafft und die alten Diplom- und Magisterabschlüsse wieder eingeführt werden. Das Programm wurde maßgeblich von Menschen geschrieben, die der Meinung sind: »Früher war alles besser!«

Andere Passagen machen deutlich, dass sich die AfD immer weiter vom demokratischen Spektrum entfernt und wichtige Säulen des Grundgesetzes, der Basis unserer Gesellschaft, offen in Frage stellt. Das Programm zeugt von einem tiefsitzenden Misstrauen gegenüber staatstragenden Institutionen wie Parteien, Parlamenten und Abgeordneten, aber auch gegenüber der Justiz, der öffentlichen Verwaltung und unseren Sicherheitsbehörden. Behauptungen wie »vor einem Staat, der das Recht mit Füßen tritt, sind auch die Bürger nicht sicher« oder »die AfD setzt sich für eine Wiederherstellung unseres Rechtssystems ein« machen die grundlegende Anti-Haltung der AfD gegenüber unserem Rechtsstaat deutlich. Hier wie an vielen anderen Stellen im Programm stellt die Partei pauschale Behauptungen auf, ohne sie weiter zu begründen oder etwa zu belegen. Die AfD strebt in weiten Teilen einen »Systemwechsel« an. So sollen Parteien massiv in ihren Rechten beschnitten und ihre Finanzierung eingeschränkt werden.

Besonderen Argwohn hegt die AfD gegenüber der Europäischen Union. Hier will man den von Konrad Adenauer bereiteten und von Helmut Kohl und Theo Waigel fortgeführten Weg verlassen und das Rad soweit wie möglich wieder zurückdrehen. So fordert das AfD-Grundsatzprogramm eine grundlegende Reform der EU, die jedoch eher einem Plan zur Auflösung der Europäischen Union gleichkommt. An dessen Ende sollen die Nationalstaaten ihre zuvor in Teilen abgetretene Souveränität größtenteils wieder zurückerhalten. Angestrebt wird ein loses Staatenbündnis, in das sich jedes Mitgliedsland in unterschiedlicher Weise und Intensität einbringen kann. Auch aus dem Euro soll Deutschland nach den Plänen der AfD so schnell wie möglich austreten und zur D-Mark zurückkehren. Das Europa der freien Grenzen, wie wir es seit dem Inkrafttreten des Schengener Abkommens 1995 kennen, will die AfD abschaffen.

Die AfD ist programmatisch keine CDU der 1980er- oder der 1950er-Jahre, denn zu dieser Zeit waren Christdemokraten immer pro-europäisch. Die Programmatik der AfD mit Bündnisdenken und Nähe zu Russland erinnert an die Deutschnationalen der Weimarer Republik und des Kaiserreichs.

Aber nicht nur in der Europapolitik, sondern auch in der Außen- und Sicherheitspolitik stellen die Forderungen der AfD eine Abkehr von der Linie der zurückliegenden Jahrzehnte dar. Sie ist hoch gefährlich. Die AfD betreibt schlicht außenpolitisches Harakiri, wenn sie sich aus dem bewährten westlichen Bündnissystem der NATO weitgehend verabschieden will. Allein die »nationalen Interessen und das Wohl des deutschen Volkes« müssten im Mittelpunkt der Außen- und Sicherheitspolitik stehen. Die Kooperation in Europa und vor allem die sicherheitspolitische Zusammenarbeit mit den USA werden in Frage gestellt und als Schwächung nationaler Interessen gesehen. Auch das Eintreten Deutschlands für Menschenrechte und Demokratie sowie gegen Kriegsverbrechen und Terrorismus wird abgelehnt. Zudem fordert die AfD den kompletten Abzug der alliierten Streitkräfte aus Deutschland.

Am deutlichsten tritt die Gefahr, die von der AfD ausgeht, jedoch dort hervor, wo ihr Menschenbild deutlich wird. Die CDU bekennt sich zum christlichen Menschenbild. Sie sieht den Menschen als Person, das heißt zugleich als Individuum und als Teil der Gemeinschaft. Die AfD hingegen spricht in ihrem Grundsatzprogramm von einem »differenzierten Menschenbild«, ohne zu erläutern, was unter Differenzierung zu verstehen ist. Beim Lesen des Programms wird jedoch schnell ersichtlich, worin die Differenzierung besteht: in der Unterscheidung zwischen Deutschen und Nicht-Deutschen beziehungsweise dem, was die AfD dafür hält. Das Programm zeugt von einer deutschnationalen, mitunter rassistischen Denkweise. So wird im Staatsbürgerschaftsrecht die Rückkehr zum Abstammungsprinzip gefordert und die niedrigere Geburtenrate von »deutschstämmigen Frauen« beklagt. Menschen mit Zuwanderungsgeschichte, vor allen Dingen aber Muslimen, attestiert die AfD pauschal ein geringeres Bildungsniveau. Entsprechend zeichnet die AfD das Bild eines sinkenden Bildungsstandes in Deutschland und lehnt Einwanderung aus islamisch geprägten Ländern kategorisch ab. Das Schwarz-Weiß-Denken der AfD wird auch hier deutlich. Die Partei kategorisiert und bewertet Menschen aufgrund ihrer Abstammung und verlässt somit den Grundsatz unserer Gesellschaft, dass die Würde des Menschen unantastbar ist.

Das Programm zeugt von einer tiefen Ablehnung des Islams – der weltweit zweitgrößten Glaubensgemeinschaft. Mit der Aussage, der Islam und seine Ausbreitung sowie die Präsenz einer ständig wachsenden Zahl von Muslimen seien eine große Gefahr für unseren Staat, unsere Gesellschaft und unsere Werteordnung, treibt die Partei einen Spaltpilz in unsere Gesellschaft. Die AfD verunglimpft alle Muslime als Gefahr, schließt sie so aus unserer Gesellschaft aus und verhindert Integration. Durch diese Positionen fördert die AfD geradezu das Entstehen von Parallelgesellschaften, das sie selbst scharf kritisiert.

Natürlich stellt niemand in Frage, dass der Islam keine originären Wurzeln in unserer Kultur hat und umgekehrt unsere Kultur nicht wesentlich vom Islam geprägt wurde. Dennoch muss man die Tatsache annehmen, dass knapp fünf Millionen Muslime in Deutschland leben, nicht wenige in der dritten oder vierten Generation. Die meisten Muslime haben zudem die deutsche Staatsbürgerschaft. Selbstverständlich sind sie Teil unserer Gesellschaft und mit ihnen auch ihre Religion.

Den Raum, innerhalb dessen Muslime ihre Religion in unserer Gesellschaft leben können, will die AfD stark einschränken. Mit vielen ihrer Forderungen stellt die AfD die grundgesetzlich geschützte Religionsfreiheit in Frage, etwa indem sie ein Verbot von Minaretten fordert. Zudem widersprechen sich nicht wenige ihrer Positionen. So fordert die AfD, dass in Deutschland nur auf Deutsch gepredigt werden dürfe und dass islamischer Religionsunterricht in deutscher Sprache und von in Deutschland ausgebildeten Lehrern angeboten wird. Gleichzeitig sollen aber die islamtheologischen Lehrstühle an deutschen Universitäten, die einen modernen und offenen europäischen Islam lehren, abgeschafft werden.

Dass sich im Falle des antisemitischen Autors und Landtagsabgeordneten Gedeon in Baden-Württemberg die AfD-Fraktion nicht in der Lage sah, ihn auszuschließen, macht die skeptische Haltung auch gegenüber dem Judentum sichtbar, das Gedeon als »inneren Feind des christlichen Abendlandes« sieht.

Diese ablehnende, mitunter hasserfüllte Einstellung der AfD gegenüber dem Islam erntet zu Recht breite Kritik innerhalb unserer Gesellschaft. Zu den schärfsten Kritikern zählen Vertreter der christlichen Kirchen, die der AfD nicht nur eine islamkritische, sondern auch eine allgemein antireligiöse Position vorwerfen. Der langjährige Vorsitzende der Deutschen Bischofskonferenz, Karl Kardinal Lehmann, hat gesagt: »Wer Rassismus und Nationalismus propagiert, ist für mich als Christ nicht wählbar.« Der Kölner Erzbischof, Rainer Kardinal Woelki, sagte: »Wer den Islam als politische Ideologie bezeichnet, stellt eine der großen Weltreligionen in gehässiger Absicht an den Pranger.« Und auch der Ratsvorsitzende der Evangelischen Kirche in Deutschland, Bischof Heinrich Bedford-Strohm, kritisierte die antiislamischen AfD-Positionen als »mit christlichen Grundorientierungen nicht vereinbar.« Viele weitere evangelische wie katholische Bischöfe und Würdenträger aus ganz Deutschland haben sich in gleicher Weise geäußert. Die CDU steht als christliche Partei voll und ganz hinter diesen Worten.

Über die Grundsätze der Partei hinaus zeigen die Aussagen führender AfD-Politiker, welch gefährliches Gedankengut in dieser Partei vorherrscht. So forderte die AfD-Vorsitzende Frauke Petry, die deutschen Grenzen sollten geschlossen und Grenzpolizisten angewiesen werden, auf Flüchtlinge – auch Frauen und Kinder – zu schießen, sollten diese sich nicht davon abhalten lassen, nach Deutschland einzureisen. Der thüringische AfD-Vorsitzende Björn Höcke fällt regelmäßig durch völkische und rassistische Thesen auf. Und auch Partei-Vize Gauland zieht durch verbale Ausfälle immer wieder die öffentliche Aufmerksamkeit auf sich. Besonders perfide waren seine Beleidigungen gegenüber Spielern der deutschen Fußballnationalmannschaft, die eine Zuwanderungsgeschichte haben. So postulierte Gauland: »Die Leute finden ihn als Fußballspieler gut. Aber sie wollen einen Boateng nicht als Nachbarn haben.«

Die deutsche Fußballnationalmannschaft, zu der Spieler wie Jérôme Boateng, Mesut Özil und Lukas Podolski genauso gehören wie Thomas Müller und Bastian Schweinsteiger, ist Sinnbild unserer Gesellschaft. Deutschland hat sich seit dem »Wunder von Bern« 1954 verändert. Unser Land ist vielfältiger geworden. Diese Vielfalt fruchtbar zu machen ist unsere Aufgabe. Jérôme Boateng, Sohn eines ghanaischen Vaters und einer deutschen Mutter und in Berlin geboren und aufgewachsen, wurde von Gauland allein aufgrund seiner dunkleren Hautfarbe beleidigt. Damit offenbarte der AfD-Vize seine rassistische Gesinnung. Der große Aufschrei im ganzen Land hat deutlich gemacht, dass ein solches Gedankengut in unserer Gesellschaft keinen Platz hat.

Die AfD ist populistisch, rückwärtsgewandt und in Teilen rassistisch. Sie will unsere Gesellschaft spalten. Sie will ein anderes, ein intolerantes und kein weltoffenes Deutschland. Ich bin überzeugt, die meisten Menschen wollen das nicht. Auch nicht jene, die aus Unzufriedenheit und Protest der AfD ihre Stimme gegeben haben. Ihnen müssen wir deutlich machen, wen und welche Ideen sie damit stark machen. Gleichzeitig müssen wir besser als früher die Sorgen der Menschen aufnehmen und ihnen begegnen. Die AfD darf in Deutschland keine politische Zukunft haben.

Aiman A. Mazyek
Vorstandsvorsitzender des Zentralrats der Muslime in Deutschland

Bekämpfen oder totschweigen?

Den ursprünglichen Titel dieses Buchprojekts – »Bekämpfen oder totschweigen?« – mochte ich von Anfang an nicht. Schon als ich erstmals von ihm hörte und um Mitarbeit an diesem Buch gebeten wurde, gefiel mir die zugespitzte Formulierung nicht. Wir als Zentralrat der Muslime in Deutschland wollen niemanden bekämpfen, und Totschweigen ist für uns ebenfalls keine Option. Außerdem bin ich ganz grundsätzlich kein Freund final klingender Alternativen. Zumeist und zum Glück hält unser Leben gerade bei besonderen Herausforderungen mehr Varianten vor als nur dieses enge »Entweder-Oder«.

Anders herum wird für mich ein Schuh daraus. Wir sind vielmehr aufgefordert, gerade in ausweglos erscheinenden Situationen gemeinsam und am besten zusammen mit dem Meinungsgegner nach anderen, nach neuen, nach besseren Wegen für notwendige Lösungen zu suchen. Deswegen möchte ich meinen Beitrag zu diesem Buch mit folgendem Titel überschreiben:

Marwas Tod: Mahnung und Menetekel

So beteilige ich mich gern an diesem Buchprojekt. Denn ich freue mich über das Bemühen dieser Veröffentlichung, in unserer Gesellschaft verstärkt für vermittelnde Töne zu werben. Im Moment aber scheinen ausgrenzende Töne die Oberhand gewinnen zu wollen. Wir sollten das gemeinsam verändern.

Eben diese Haltung war für uns als Zentralrat der Muslime in Deutschland der Grund dafür, warum wir die Parteispitze der AfD zum Gespräch eingeladen hatten. Unsere Einladung wurde angenommen. Das Gespräch mit Parteichefin Frauke Petry, dem Stellvertreter Albrecht Glaser (der aber wegen einer Zugverspätung anfangs noch nicht mit dabei war) und dem Beisitzer Armin Paul Hampel fand am 23. Mai 2016 in einem Berliner Hotel statt.

Bevor ich auf dieses Ereignis eingehe, stelle ich meinem Beitrag eine These voran, die für mich viel Bedeutung hat.

These:

> Der Mord an Marwa El-Sherbini vom 1. Juli 2009 in einem Dresdner Gerichtssaal ist Mahnung und Menetekel zugleich. Machen wir uns nichts vor: Angefacht von Flüchtlingskrise und Terrorismus treten wir in Deutschland in eine Zeit ein, in der politische Kräfte unter dem Schutz unserer freiheitlichen Demokratie ernsthaft antreten, diese zu verändern. Erstmals nach der NS-Diktatur erlebt die Bundesrepublik das Erstarken von extremen Gruppierungen, die offen, sogar offensiv eine religiöse Minderheit angreifen und ihr die Existenzberechtigung in unserem Land absprechen.
> Die deutsche Mehrheitsgesellschaft, wozu wir uns als Deutsche muslimischen Glaubens ebenfalls zählen, sollte nicht länger zögern, sich gegen diese aufkommende Pogromstimmung zu sträuben. Leben wir vor, woran wir glauben: an Freiheit, an Selbstbestimmung, an unsere Werte, an unseren Glauben. Tun wir das nicht oder nicht genug, wird sich das gesellschaftliche Klima in Deutschland weiter eintrüben. Besser, wir stehen zusammen, dass niemand mehr der Auffassung sein kann, Morde wie der an Marwa könnten in gewisser Weise auf schweigende Zustimmung stoßen.
> Das ist keine leichte Aufgabe und auch keine, die morgen schon erledigt sein wird. Aber beginnen wir mit dieser Arbeit.

Vor diesem Hintergrund wollten wir von der Partei mit dem suggestiven Namen »Alternative für Deutschland« wissen, was sie gegen Muslime in Deutschland hat. Wir waren gespannt darauf, direkt aus erster Hand zu hören, warum die AfD diese anti-islamischen

Passagen in ihr Parteiprogramm geschrieben hat. Und wir wollten uns auch erklären lassen, was denn mit dem Namen »Alternative für Deutschland« gemeint ist.

Das für 11 Uhr angesetzte Gespräch begann mit deutlicher Verzögerung erst um 11.16 Uhr. Der Zug, mit dem Parteivize Albrecht Glaser anreisen wollte, habe Verspätung, sagte uns Frauke Petry und bat um Aufschub. Nach mehr als 15 Minuten Wartezeit begann die Zusammenkunft dann ohne Albrecht Glaser. Seitens der AfD waren Vorsitzende Frauke Petry und Beisitzer Armin Paul Hampel vertreten. Mit mir saßen auf unserer Seite des Tisches meine beiden Stellvertreter, Rechtsanwältin Nurhan Soykan aus Köln und Dr. Sadiqu Al-Mousllie aus Braunschweig. Flankiert wurden wir vom ZMD-Pressesprecher und unserem Medienberater.

Nach anfangs noch netten Begrüßungsformeln erklärte Frauke Petry um 11.22 Uhr, die AfD möchte eine Gesprächsvoraussetzung formulieren, und die AfD möchte das als einen Anspruch an das Gespräch verstanden wissen. Die AfD sei schwer schockiert darüber, dass Herr Mazyek als ZMD-Vorsitzender die AfD de facto als die neuen Nazis bezeichnet habe. Derlei Vorwürfe würden in Deutschland sehr schwer wiegen, ergänzte Petry. Für die AfD sei es daher wichtig, dass sich der ZMD von derlei Vergleichen distanziere. Petry: Sonst gebe es keine Gesprächsgrundlage. Die AfD sei eine demokratische Partei mit einer Zustimmung in der deutschen Bevölkerung von 15 Prozent.

Nach diesem dreiminütigen Statement von Frau Petry wies ich darauf hin, dass sich mit der AfD erstmals in der bundesrepublikanischen Geschichte eine Partei anschickt, eine Religionsgemeinschaft einzuschüchtern. Das erlebe ich als einen Bruch, den es seit 1945 nicht gegeben hat. Im Gegenzug fragte ich Frauke Petry, ob denn die Partei bereit sei, die Passagen ihres Parteiprogramms, in denen Muslime eingeschüchtert werden und ihnen Rechte verwehrt würden, zurückzunehmen.

Dem entgegnete Armin Paul Hampel, Grundlage des Gesprächs für die AfD sei die Rücknahme dieser Vergleiche und Anwürfe seitens des Zentralrats.

Da war es erst 11.29 Uhr, als das Gespräch tatsächlich schon keines mehr war. Bis zu der von der AfD gewünschten Gesprächsunterbrechung um 12.03 Uhr versuchten wir unsererseits den Unterschied deutlich zu machen zwischen festgeschriebenen Zielen in einem Parteiprogramm einerseits und einer Meinungsäußerung seitens des

ZMD andererseits. Aber auch Hinweise von meiner Stellvertreterin Nurhan Soykan, die AfD selber erschwere mit ihren anti-islamischen Haltungen gerade bei jungen Muslimen die Chancen auf gelingende Integration, brachte auf Seiten der AfD keinen Fortschritt.

Um 12.03 Uhr bat Frauke Petry um eine Unterbrechung der Sitzung und verließ mit Herrn Hampel den Saal. Zehn Minuten später kamen beide zurück, kurz danach traf auch Herr Glaser ein.

Aber weder Petry noch Hampel hielten es für nötig, den Stellvertretenden Parteivorsitzenden über den Sachstand des bisherigen Verlaufs des Termins zwischen ZMD und AfD in Kenntnis zu setzen. Noch während sich Albrecht Glaser zur Begrüßung von unserem Medienberater einen Kaffee einschenken ließ, erklärte Frauke Petry das Gespräch für gescheitert und beendet. Solange der ZMD darauf beharre, die AfD mit dem Dritten Reich in Verbindung zu bringen, gebe es keine Voraussetzung für ein Gespräch auf Augenhöhe.

Unmittelbar danach standen Frauke Petry und Armin Paul Hampel auf und schickten sich an, sofort den Saal zu verlassen. Erst jetzt wurde Albrecht Glaser klar, dass er, kaum dass er angekommen war, auch schon wieder gehen konnte. Grußlos verließen die drei von der AfD den Saal.

In den Kommentaren danach fanden manche, unsere Einladung an die Parteiführung der »Alternative für Deutschland« und der Gesprächsabbruch nach nur knapp einer Stunde seien am Ende zu einem Erfolg für die AfD geworden. Das mag so eingeschätzt werden.

Erfolg oder Misserfolg, es ist nicht unsere Sache, in solchen Alternativen zu denken. Und ich will hier auch nicht eingehen auf Berichte über massive Streitigkeiten im AfD-Vorstand, bei denen es um die Ausrichtung der Partei und um die Führungsrolle von Frau Petry ging. Wie gesagt, der Zentralrat der Muslime in Deutschland hält nichts von falschen Alternativen wie »Bekämpfen oder Totschweigen«.

Wir wollten in Richtung AfD ein Signal der Gesprächsbereitschaft senden. Das war uns doppelt wichtig, schon als Muslime, vor allem aber auch als deutsche Staatsbürger. Und was die AfD mit ihrer Islamfeindlichkeit eigentlich erreichen will, das wollten wir direkt von der Parteispitze wissen.

Von der AfD wollten wir aber auch inhaltlich wissen, wie genau die Alternativen der Partei zu zentralen Fragen unserer Gesellschaft aussehen. Denn bisher ist aus unser Sicht nur klar, dass mit zum Teil demagogischen Mitteln vor allem die Islam-Feindlichkeit geschürt wird. Wie aber zum Beispiel die Schere zwischen Arm und Reich zu schließen sei, mit welchen Konzepten die Zukunft der Renten gestaltet werden könne, was die Partei zum Nah-Ost-Konflikt sagt und welche Vorstellungen sie hat, wie die komplexen Ursachen für die aktuelle Flüchtlingskrise in den Herkunftsländern angegangen werden könnten. Dazu aber kamen keinerlei Hinweise.

Aber es gab für uns auch ein übergeordnetes Ziel, ein wichtiges Signal, das wir mit diesem Gesprächsangebot an die AfD verbunden hatten: Wir hatten und haben nach wie vor die Hoffnung, dass die deutsche Öffentlichkeit, dass die Menschen unseres Landes endlich beim Thema Islam und Muslime wieder Ohren und Augen aufmachen. Dass wir uns den wirklichen Herausforderungen stellen und ihnen begegnen. Dass wir aufhören, uns von zu engen Alternativen ins Bockshorn jagen zu lassen.

Wir als Zentralrat der Muslime in Deutschland und als Staatsbürger dieses Landes wollen und werden verstärkt Impulse in unsere Gesellschaft hinein wirken lassen, die eine neue Differenziertheit ermöglichen.

Dazu ein Beispiel: Es geschah sieben Tage nach dem Terrorüberfall vom 7. Januar letzten Jahres auf die Redaktion des französischen Satire-Magazins Charlie Hebdo: Direkt hinter dem Brandenburger Tor versammelten sich viele tausend Menschen auf dem Pariser Platz, um dort ein wichtiges, ein klares Signal in die Welt zu senden. Vertreter aller muslimischen Verbände waren dabei, der Zentralrat der Juden in Deutschland, die Kirchen, Vertreter aus Zivilgesellschaft und Politik.

Wir alle haben bei der Mahnwache nach den Anschlägen auf die Redaktion und in einem jüdischen Supermarkt in Paris deutlich gemacht: Wir alle stehen gemeinsam zusammen, um gegen jede Form von Terror und Gewalt zu demonstrieren. Wir stehen für ein weltoffenes, tolerantes Land. Dieses Zeichen der Solidarität und Festigkeit wurde von etlichen nationalen wie internationalen Fernstehstationen live übertragen. Wir alle auf dem Pariser Platz fanden, dass es ein in Form und Präsenz in Deutschland historisches, mindestens jedoch einzigartiges Zeichen war.

Und doch. Schon wenige Tage später schrieben einige Journalisten dieses beeindruckende Signal nieder. Sie fanden, dass die Anteilnahme unserer Muslime für die Opfer von Paris eigentlich inszeniert gewesen sei, fremdgesteuert, gar käuflich war. Ich finde, das ist ein nicht ungefährliches Spiel. Weil es Wasser auf die Mühlen derer leitet, die sich durch Muslime und andere Minderheiten in ihrer deutschen Identität bedroht fühlen. Derartige Darstellungen leisten latenten islamophoben Einstellungen in der Bevölkerung Vorschub.

Aber in Wirklichkeit war es anders. Tatsächlich war die Mahnwache am Pariser Platz eine Initiative des Zentralrats der Muslime in Deutschland und der Türkischen Gemeinde zu Berlin. Mit allen islamischen Religionsgemeinschaften verurteilten wir die Geschehnisse in Paris. Die jüdische Gemeinschaft, die Kirchen, Zivilgesellschaft und Politik engagierten sich ebenso und folgten der Einladung.

Es ist von essentiellem Belang, darauf hinzuweisen, dass unser Aufruf zur Mahnwache am Brandenburger Tor (wir hatten dafür nur eine halbe Woche Vorbereitungszeit) binnen weniger Tage eine solche Dynamik entwickelt hatte. Uns hat das außerordentlich gefreut und bestärkt. Denn fast die ganze politische Führung der Bundesrepublik Deutschland war gekommen: Bundeskanzlerin Angela Merkel, fast alle Ministerinnen und Minister und sogar Bundespräsident Joachim Gauck, sie alle hatten zugesagt.

Uns wurde aber schnell klar, dass sich dadurch die ursprünglich geplante Mahnwache im kleineren Rahmen zu einer Großkundgebung entwickeln würde. So wuchs bei uns schnell die Sorge, das alles werde unsere organisatorischen und finanziellen Mittel weit übersteigen. Deshalb waren wir dankbar, dass zunächst das Bündnis 90/Die Grünen, später die SPD und dann auch die CDU uns signalisierten, dass sie den Erfolg unserer Initiative als eine gesamtgesellschaftliche Aufgabe ansähen und ankündigten, uns mit unterstützen zu wollen.

Dieser Impuls, so auf die schrecklichen Ereignisse von Paris einzugehen, entspricht unserer gesellschaftlichen Verantwortung als Muslime und unserem Selbstverständnis als Religionsgemeinschaft in Deutschland schon seit Jahrzehnten. Bereits am 19. September 2014 hatten wir zusammen mit den anderen muslimischen Verbänden (DITIB, Islamrat und VIKZ) nach dem Freitagsgebet in mehr als 1.500 Moscheen mit der Aktion »Muslime stehen auf gegen Hass und Unrecht« in ähnlicher Weise alle Formen von Gewalt öffentlich verurteilt.

Damals begrüßten die Spitzen der Kirchen, der Politik und der Zivilgesellschaft nicht nur diese Erklärung, sondern sie nahmen auch aktiv daran teil. In etwa 20 deutschen Städten zeigten sie durch ihren Besuch beim Freitagsgebet und bei den anschließenden Mahnwachen ihre Solidarität. So traten Bundesinnenminister Thomas de Maizière in Hannover auf, EKD-Ratsvorsitzender Nikolaus

Schneider in Berlin und der damalige Präsident des Zentralrates der Juden, Dieter Graumann, in Frankfurt. Ihn konnte ich in unserer dortigen Moschee persönlich empfangen.

Selbstverständlich müssen Muslime in Deutschland religiösen Extremismus im Namen des Islam mit aller Entschiedenheit bekämpfen. Aber der Kampf gegen Extremismus jeglicher Couleur muss als gesamtgesellschaftliches Engagement verstanden werden. Als Veranstalter der damaligen Mahnwache am Pariser Platz in Berlin bin ich deshalb allen Parteien, den vielen ehrenamtlichen Helfern, der Polizei, dem Zentralrat der Juden, den beiden großen Kirchen, den Spitzen der Zivilgesellschaft und den Repräsentanten des Staates, allen voran dem Bundespräsidenten und der Bundeskanzlerin, sehr dankbar, dass sie uns bei unserem Zeichen gegen Terror und Gewalt zur Seite gestanden und damit gezeigt haben, was Bundespräsident Joachim Gauck in den Satz zusammengefasst hatte: »Wir alle sind Deutschland«.

Aber schon ein halbes Jahr später, genau im Juli 2015, erfuhr ich von dem Brandanschlag auf die Bergische Synagoge in Wuppertal. Erschüttert hoffte ich, es mögen bitte nicht wieder sogenannte Muslime als mögliche Täter in Frage kommen. Denn ausgerechnet in der Woche zuvor fiel die Mevlana-Moschee in Berlin einem Brandanschlag zum Opfer, in Bielefeld waren gleich zwei Moscheen angegriffen worden.

Ich entschied mich daher für einen Solidaritätsbesuch als Zeichen der Anteilnahme. Ich reiste bewusst in dieser Reihenfolge erst in die Synagoge, dann in die Moschee. Denn meiner Meinung nach ist ein Brandanschlag auf ein Gotteshaus, egal welcher Religion, immer zugleich auch ein Anschlag auf unsere Gesellschaft, auf unsere Kirchen insgesamt und damit auch auf die unverrückbaren Werte unseres Grundgesetzes, auf unsere Grundrechte.

Bei einer Bundespressekonferenz formulierte ich damals den Satz, für den ich bei Fundamentalisten unterschiedlicher Richtungen auch Kritik einstecken musste: Ein Jude bin ich, wenn eine Synagoge angegriffen wird, ein Christ, wenn die Terror-Miliz IS wie bei der Eroberung von Mossul Jagd auf Christen macht, und ein Muslim, wenn sich Anschläge auf Moscheen ereignen.

Darum ging es uns vom Zentralrat der Muslime auch bei unseren Besuchen in den Gotteshäusern, die von Extremisten hierzulande angegriffen worden waren. Und ich bin froh darüber, dass unsere Generalsekretärin Nurhan Soykan und unser ZMD-Landesvorsitzender zusammen mit mir dort jeweils freundlich empfangen wurden: Von Leonid Goldberg, dem Vorstandsvorsitzenden der Jüdischen Kultusgemeinde in Wuppertal und von Wilfried Johne, dem Geschäftsführer des jüdischen Landesverbandes Nordrhein zusammen mit Frau Bela Voloh.

Zum Abschluss unseres Besuchs schenkte uns Leonid Goldberg eine Übersetzung der Thora. Von uns erhielt er eine Übersetzung des Korans. Welch schöne Gesten.

Es ist schon so: Die aktuelle Lage im Nahen Osten und die hier in Deutschland nicht abreißen wollenden Brandanschläge auf Gotteshäuser sollten uns klar machen: Empathie, Solidarität und Anteilnahme zwischen den Menschen können weder plakativ noch argumentativ herbei geredet werden. Wer diese Werte ernst nimmt, muss schon hingehen zu den Orten des traurigen Geschehens, hin zu den betroffenen Menschen, muss mit ihnen reden, sich ihnen stellen und ihre Sorgen anhören, bestenfalls teilen, ihnen den Mut zusprechen, dass sie in ihrer Bedrohung nicht allein sind.

Denn es kommen immer neue Orte mit neuen Anschlägen hinzu. In der Nacht von Montag, 11., auf Dienstag, 12. August 2014, brannte ein im Bau befindlicher Teil der Mevlana-Moschee in Berlin aus. Da Ermittler im Schutt Reste einer brennbaren Flüssigkeit fanden, also Brandbeschleuniger, handelte es sich auch hier um einen Anschlag. Daher, so die Berliner Polizei, sei von Brandstiftung auszugehen.

Der Brand Montagnacht betraf tatsächlich eine der größten Moscheen Berlins. 90 Feuerwehrkräfte versuchten über Stunden, die Flammen im Gotteshaus zu löschen. Damit musste dieser Angriff als einer der größten Brandanschläge auf ein Gotteshaus der letzten Jahrzehnte in Deutschland eingestuft werden. Aber entsprechend klare Töne in öffentlichen Reaktionen wurden in den ersten Tagen nach dem Anschlag tunlichst vermieden.

Deswegen war ich umso dankbarer, dass Vizekanzler und SPD-Chef Sigmar Gabriel spontan meiner Anfrage nachkam, gemeinsam mit mir den Brandresten der Moschee und den Menschen dort im Viertel einen Besuch abzustatten. Dankbar war ich auch deswegen, weil er als Mitglied der Bundesregierung vor Ort ein deutliches Zeichen der Solidarität gesetzt hat, was die in Deutschland lebenden Muslime dankbar zur Kenntnis genommen haben.

Gabriel sagte beim gemeinsamen Rundgang mit mir durch die Ruine, ein Anschlag auf Kirchen, Gotteshäuser und Moscheen sei ein Anschlag auf das Zentrum der Gesellschaft.

Direkt am selben Tag zündeten Brandstifter mehrere Korane in einer Bielefelder Moschee an und verteilten diese im ganzen Gebetsraum. Muslime haben Angst und sind irritiert, was da landauf und landab an Hass und Gewalt aufkommt und wie indifferent und beinahe teilnahmslos die Öffentlichkeit darauf reagiert. Nicht zuletzt vor dem Hintergrund des inzwischen aufgedeckten NSU-Terrors macht mich das sprachlos.

In solchen Momenten zwischen Sprach- und Fassungslosigkeit geht mir die Frage durch den Kopf, ob wir genug und wirklich die richtigen Schlüsse aus den NSU-Anschlägen gezogen haben. Ich denke dabei etwa an den in der Kölner Keupstraße. Es war der 9. Juni 2004, als im Stadtteil Mülheim eine Nagelbombe detonierte. Wie die Polizei feststellte, war die Bombe per Fernzünder zur Explosion gebracht worden. Mehr als 20 Menschen wurden bei dem Attentat verletzt, vier davon schwer. Die Keupstraße gilt in diesem Stadtteil als eine Lebensader für türkische Geschäftsleute und Kunden. Von der Wucht der Detonation und durch umherfliegende Nägel wurden viele Ladenlokale beschädigt, ein Friseurgeschäft fast vollständig zerstört und zahlreiche Autos zum Teil stark in Mitleidenschaft gezogen.

Erst sieben Jahre später gelang es der Polizei, diesen Terroranschlag der rechtsterroristischen Gruppe Nationalsozialistischer Untergrund (NSU) zuzuordnen. Denn die Täter hinterließen dort bewusst keine Bekennerbriefe, keine erkennbaren Spuren.

Deren perfider Plan war offenbar, den Betroffenen einen größtmöglichen Schaden zuzufügen und darauf zu spekulieren, dass die Mehrheitsgesellschaft sich nicht wirklich empört, es womöglich sogar aus deutscher Sicht als Folge rein innertürkischer Streitigkeiten bagatellisiert. Mit der tückischen Folge, dass in der einheimischen Bevölkerung die Hemmschwelle und Hinnahme gegenüber solch einem Gewaltverbrechen weiter abzusinken droht.

Heute ist klar, dass dieser heimtückische Plan durch die katastrophalen Ermittlungspannen bei der Aufdeckung des NSU-Terrors in seinen Wirkungen leider noch getoppt wurde. Denn aus der Sicht der NSU-Täter war es wohl von großer Bedeutung, selber mitsamt ihrer rechten Nazi-Gesinnung so lange wie möglich unerkannt zu bleiben. Beim Auffliegen ihrer Täterschaft dürfte sich unsere Gesellschaft mit den Opfern solidarisieren. Aus Sicht der NSU-Verbrecher galt es aber, dies unbedingt zu vermeiden.

Das gelang wohl auch deswegen eine viel zu lange Zeit lang, weil Anschläge aus dem rechten Lager im öffentlichen Bewusstsein kaum eine Rolle spielten. Diese Ausblendung in der Wahrnehmung Richtung rechts hatte sich nach den furchtbaren Anschlägen vom 11. September 2001 in New York weltweit noch verstärkt. Auch in Deutschland war die Angst vor einem Anschlag von muslimischen Extremisten sehr viel größer als die Sorge vor Übergriffen aus anderen politischen Lagern. Alles fokussierte sich nur auf Gefahren von Tätergruppen, die bei ihren Angriffen muslimische Motive vorschoben.

These:

> Für mich führt das zu einer ganz klaren Schlussfolgerung: Schweigen ist für eine wehrhafte und zivilcouragierte Gesellschaft hochgefährlich. Das zu betonen ist vor allem auch deswegen wichtig, weil wir leider davon auszugehen haben, dass nicht wenige Gruppen an einer Zunahme der Islam-Feindlichkeit interessiert sind.

Denn die Lage heute ist eher noch komplizierter geworden. Ausländische Terrorgruppen, die im Namen des Islam Verbrechen begehen, heizen mit voller Absicht die ohnehin schon stark zugenommene Islamfeindlichkeit weltweit und auch hierzulande weiter an.

Für jedermann mit gesundem Menschenverstand ist zwar zu erkennen, dass IS-Anhänger mit ihren Ansichten ungeschminkt gesagt »Inquisitions-Terroristen« sind. Ihr grausames Vorgehen zielt auch darauf ab, die Muslime zu spalten und sie damit zu Verlierern der Geschichte zu machen. Diesem Schicksal sollen ja auch die westlichen Demokratien zugeführt werden. Wenn ich mir vorstelle, wie sich IS-Strategen intern über zunehmende Umfragewerte populistischer und rechter Gruppierungen in ganz Europa freuen, laufen mir kalte Schauer über den Rücken.

Kommen mir solche Strategien schon furchtbar genug vor, besorgt fehlende Trennschärfe bei vielen Debatten hierzulande ein Übriges. Wenn auf der einen Seite zwischen der friedlichen Religion des Islam, die von der absoluten Mehrheit der Muslime auch vertreten wird, und den Extremisten auf der anderen Seiten nicht genug unterschieden und differenziert wird, muss man sich nicht wundern, wenn in der breiten Bevölkerung die Vorbehalte gegen unsere Religion ganz allgemein zunehmen. Und zur Wahrheit gehört leider auch dazu, dass es immer wieder vereinzelt unbelehrbare Muslime auch hierzulande gibt, die als extremistische Stichwortgeber aktiv fungieren.

Wir stecken inmitten einer Zeit von Aufwieglern. Sie betätigen sich als geistige Brandstifter.

Das führt dazu, dass viele Menschen in unserem Land auch die Kraft verloren haben, zwischen diesen beiden Seiten zu unterscheiden, dass sie zu nötigen Differenzierungen gar nicht mehr in der Lage sind oder sein wollen. Wenn in der Nachbarschaft, in Kneipen oder Clubs keine Stimmungspunkte mehr gemacht werden können mit leisen Tönen, mit Hinweisen auf Mäßigung oder einem klaren Zurückweisen von pauschalen Schuldzuweisungen gegen eine ganze Bevölkerungsgruppe oder Glaubensgemeinschaft, dann geraten langsam alle Muslime unter Generalverdacht.

Eine der ganz gefährlichen Folgen dieser fatalen Tendenz ist eine Zunahme von Anschlägen und Übergriffen auf Muslime und ihre Einrichtungen in unserem Land. Das hat kürzlich eine Bundestagsanfrage deutlich gemacht. Die Politik und auch die Medien haben die Aufgabe, ja meiner Meinung nach die Pflicht hier aufzuklären, zu differenzieren, statt zu pauschalisieren, die Betroffenen zu schützen, anstatt sie zu marginalisieren.

Wir brauchen auch andere Sprachgebrauche und -regelungen im öffentlichen Diskurs, sonst wird diese auf Generalverdacht ausgerichtete Sündenbockdiskussion nicht mehr einzudämmen sein. Viele in unserem Land sind darüber sehr beunruhigt, das zeigen die täglichen Zuschriften, die ich bekomme.

Der kürzlich verstorbene Menschenrechtler Rupert Neudeck mahnte stets eindringlich zu einem anderen Umgang mit dem Islam in der Öffentlichkeit. Er forderte ein Mindestmaß an Respekt und kritisierte die immer wieder verwendete Sprachregelung im Kontext des Extremismus. Wörtlich sagte er: »Ich finde es ganz furchtbar, wenn man die Taliban, Boko Haram oder Isis ›radikal islamisch‹ nennt. Diese Menschen sind Verbrecher, und sie müssen Verbrecher oder Terroristen genannt werden.«

Besorgt frage ich mich immer eindringlicher, ob es nicht ausreicht, wenn mutmaßliche Muslime den Islam besudeln, in den Dreck ziehen und sogar missbrauchen? Müssen dann aber auch noch die aufgeklärten und kritischen Teile der Gesellschaft in die gleiche Kerbe schlagen und gleichsam mit diebischem Vergnügen von sich aus eigene Wortvergewaltigungen produzieren? Warum gibt es noch keinen übergreifenden Konsens, dass solcherlei Verhalten doch nur Wasser auf den Mühlen der Extremisten ist, die hier niemand haben will?

Nicht wenige Muslime halten mir vor, ich würde mit meinem vermittelnden Eintreten, mit meinem Bestreben, stets an beide Seiten zu denken und beiden Seiten zu ihrem Recht verhelfen zu wollen, tatsächlich Gefahr laufen, selbst unglaubwürdig zu werden. Die mir das vorhalten, das sind die Ungeduldigen unter uns, besonders auch die Jungen. Das sind auch jene, die sich wünschen, dass auf grobe Klötze endlich mal ein grober Keil gesetzt werde.

Zur Begründung ihrer Ungeduld sagen sie mir dann, nicht ich als Vorsitzender des Zentralrats der Muslime in Deutschland sei das Opfer. Nein, sie sagen, sie selbst seien die eigentlichen Opfer. Das kann ich gut verstehen. Aber es ist nicht mein Weg.

Dazu kann ich zweierlei sagen: Erstens ja, ich will tatsächlich, dass jedem Einzelnen sein Recht gewährt wird. Dabei weiß ich, dass das zugegebenermaßen ein zumeist unerreichbares Unterfangen ist. Und zweitens betrachte ich die Muslime nicht alleine als Opfer.

Trotzdem entgegnet man mir, ich solle doch den unfassbaren Mord an Marwa El-Sherbini in Dresdener Landgericht nicht vergessen. Auch das stimmt. Aber bevor ich darauf zum Schluss dieses Textes noch einmal eingehe, formuliere ich eine weitere

These:

- Wir Muslime dürfen nicht schweigen, wenn Unrecht geschieht.

Gegen die gefährliche Stimmung in unserem Land können wir nur etwas tun, wenn wir für Menschenrechte, Religionsfreiheit und gegen gruppenspezifische Menschenfeindlichkeit umfassend, ungeteilt und gesamtgesellschaftlich auftreten.

Wir haben keine andere Wahl, als uns der Debatte zu stellen. Zugleich wissen wir, dass diese Debatte aufrichtig sein muss und ergebnisoffen zu führen ist. Aber sie muss geführt werden, um einer fortlaufenden Spaltung in unserer Gesellschaft entgegenzuwirken.

Diese Debatte muss in unseren Wohnzimmern geführt werden, in den Schulen und Universitäten, in Kunst und Musik, Literatur und Politik. Bevor die Entfremdung in der Gesellschaft Ausmaße annimmt, bei der sich keine Seite mehr ehrlich in die Augen schauen kann. Das ist das Gebot der Stunde: Wir brauchen die Friedensstifter, die Versöhner und die Brückenbauer mehr denn je.

Wer als Muslim für seine Rechte eintritt, darf nicht schweigen, wenn Unrecht anderswo geschieht. Er steht auf, wenn Brandsätze auf Moscheen geworfen werden, wenn Menschen in Syrien, Irak oder Gaza zu Unrecht getötet werden. Er erhebt seine Stimme und hält dagegen, wenn gruppenbezogene Menschenfeindlichkeit wie Antisemitismus, Islamfeindlichkeit oder Rassismus verbreitet wird. Und er scheut sich auch nicht, dies auch dann vorzubringen, wenn der eigene Glaubensbruder selbst als Verbreiter auftritt.

Ja, wir fordern viel, gerade auch von uns selbst. Wir verurteilen und verabscheuen jegliche Gewalt einer ideologisierten und durch und durch verrohten und verblendeten Meute, die den Islam schamlos missbraucht. Und wir rufen dazu auf, dass dieses öffentlich passiert und nicht nur im stillen Kämmerlein.

Solidarität mit allen Menschen in Notsituationen ist ein elementares Gebot im Islam. Verweisen möchte ich in diesem Zusammenhang auf eine gesicherte Aussage des Propheten Muhammad (Hadith), wonach dieser Muslime ermahnt, sich gegen diejenigen zu stellen, die Nichtmuslimen Unrecht antun, sie diskriminieren, ihnen etwas auferlegen, was sie nicht zu tun vermögen oder ihnen etwas rauben. Gegen diese werde er »der Ankläger am Tage der Auferstehung sein.« Und weiter heißt es in einem Ausspruch: »Ein Muslim ist derjenige, vor dem andere Menschen in Sicherheit sind!«

Erinnern wir uns an den Mord Marwa El-Sherbinis vom 1. Juli 2009 in einem Dresdner Gerichtssaal. Erinnern wir uns genau an die Geschehnisse, auch an die vorausgegangenen, die diese mutige Mutter mit ihrem späteren Mörder an einem Ort zusammengebracht hatte.

Marwa war als Zeugin in dem Prozess geladen und hatte dort gegen den Rassisten Alexander Wiens ausgesagt. Wiens hatte sie auf einem Spielplatz an der Hopfgartenstraße in Dresden-Johannstadt als Muslimin verbal angegriffen und beschimpft. Aber die 31-jährige schwangere Marwa war nicht bereit, dies widerstandslos hinzunehmen und setzte sich mit einer Strafanzeige zur Wehr.

Im Dresdener Gerichtssaal kam es dann zur erneuten Begegnung mit dem Mann, gegen dessen offen ausgetragenen Rassismus sie sich zur Wehr gesetzt hat. Vor der erneuten Konfrontation mit Wiens, einem aus Russland stammenden Deutschen, hatte sie sich nicht gefürchtet. Er aber sprang auf sie zu und stach sie nieder. Noch im Gerichtssaal erlag sie ihren Stichverletzungen.

Die rassistisch motivierte Bluttat hatte in der gesamten islamischen Welt Wut und Erschütterung ausgelöst. Der Mord war ein Menetekel. Wenn sich in einem Land eine Stimmung breit zu machen scheint, in deren Windschatten es ein wenig milder oder weniger kriminell erscheinen könnte, gegen eine Person quasi exemplarisch für die Ablehnung einer ganzen Volks- oder Glaubensgruppe vorzugehen, dann haben wir es mit einer aufkommenden Pogromstimmung zu tun. Es sollte klar sein, dass alle Menschen dieses Landes mit allen ihnen zur Verfügung stehenden friedlichen Mitteln dagegen vorgehen sollten.

Marwas Tod sollte uns Mahnung und Auftrag zugleich sein, immer gegen Menschenfeindlichkeit anzugehen. Marwas Zivilcourage, ihre Kraft, sich gegen diesen Rassisten zu stellen, ist für uns Vorbild und Mahnung zugleich. Alexander Wiens muss eine lebenslange Freiheitsstrafe verbüßen. Der Staatsanwalt hatte zur Begründung der Strafe erklärt, Wiens habe aus bloßem Hass auf Nichteuropäer und Muslime gehandelt, denen er kein Lebensrecht in Deutschland zubillige.

Noch einmal: Muslime dürfen nicht schweigen, wenn Unrecht geschieht. Deutsche Muslime auch nicht. Auch Deutsche anderen oder gar keines Glaubens sollten sicher sein und dafür eintreten, dass sich niemand das Recht herausnehmen kann, über andere zu richten.

Auch wenn Marwas Tod in Dresden bisher nur wenig öffentliche Resonanz erfuhr und an den Jahrestagen ihres Todes jeweils erfährt: Das Menetekel ihres Todes und des Todes ihres ungeborenen Babys in ihrem Bauch sollte für uns Mahnung sein.

Franz Müntefering

Vor 2017 – »auf der Höhe der Zeit sein«!

Auch nachdem sie ein Parteiprogramm beschlossen hat, gibt es zur AfD als Partei nicht sonderlich Erhellendes zu sagen. Das war so zu erwarten. Sie ist ein kunterbunter Haufen, dem Dagegensein verhaftet, den Aufbruch ins Zurück im Kopf, ein Fraß für bewährte Parteienfrikassierer. Sie wird – wahrscheinlich – noch in einigen Parlamenten auftauchen, vielleicht auch im Bundestag, sie wird Überläufer verlieren und Überläufer gewinnen, es sortiert sich. Sie wird demokratische Parteien verspotten und imitieren, wird als Teil von Parlamenten Parlamente karikieren, wird einige begeistern, viele ernüchtern, irgendwann langweilen.

Also: AfD ignorieren bis zum Verglühen? Besser nicht. Der Hype um diese Partei, die sich Alternative für Deutschland nennt, legt Dinge frei, die beunruhigend sind und die nicht verdrängt werden dürfen. Also, klares Plädoyer: AfD steht nicht für Krise der Demokratie. Sie ist Episode. Sie eignet sich nicht als Fixpunkt im politischen Handeln der Großen Koalition und der demokratischen Parteien. Auch nicht medial. Ihr Einzug in Parlamente ist ärgerlich, aber auch die Stunde der Wahrheit. Schon mancher fand da sein Bonsai-Maß. Aber ...

Unter den Mitgliedern und Wählern der AfD gibt es Protestler, die mit einzelnen politischen Entscheidungen in Deutschland oder auch mit dem großen Ganzen nicht einverstanden sind. Und es gibt welche, die sich am seichten Populismus oder an wüsten Schimpfkanonaden ergötzen, weil sie Politik für Komödienstadl halten. Mit diesen beiden lohnt es sich zu sprechen, denn sie sind im Kern nicht zwingend Gegner der Demokratie, sie brauchen Resonanzboden, sie sind im konkreten Handeln und durch Argumente teilweise erreichbar. Verirrte. Ihr Auftreten wird damit nicht sympathischer, aber Sympathie ist auch nicht die Kategorie, um die es hier geht. Es gibt aber in der AfD und in ihrer Nähe und im weiteren Umfeld Personen, die Fremdenhasser und Rassisten und Demokratieverächter sind, Gegner unserer parlamentarischen Demokratie und freier Medien. Sie sind machtpolitisch orientiert. Ihnen reichen Empörung und Aufmerksamkeit nicht. Sie wollen das Sagen haben und sind klug und ausdauernd genug, sich auf den Weg durch bestehende Institutionen in Richtung Einfluss und Macht zu begeben. Am beunruhigensten sind nicht die Dummdreisten – sie gehen einem auf den Senkel, ja –, beunruhigender sind die, die die objektiven Herausforderungen, mit denen Politik es heute zu tun hat, sehr wohl erkennen, sie aber raffiniert nutzen, um unsere Demokratie und ihre Werte anzugreifen, sie zu diskreditieren. Sie wollen unsere Demokratie und ihre Politik nicht verbessern, sie sähen sie gerne stolpern. Und bei ihnen muss ganz klar sein: Rassistische, völkische, nationalsozialistische Parteien, Gruppen, Einzelpersonen dürfen keine Toleranz dafür erfahren, dass sie andere Menschen diskreditieren und attackieren oder dazu aufrufen oder anregen. Da muss es auch juristische und strafrechtliche Reaktionen geben. Und Vorbeugung, Prävention, wo möglich.

Sie werden scheitern, sie sind nicht viele. Aber das wird kein Selbstläufer. »Wir Demokraten haben Recht, das ist doch klar«, zu rufen, das reicht eben nicht. Wir müssen wachsam sein und handlungsbereit. Vor allem vertrauenswürdig.

Dabei ist Deutschland ja kein Einzelfall. Beruhigend oder doch eher beunruhigend ist, dass die Rückbesinnung aufs Nationale, besser gesagt aufs Völkische, die Absage an das Fremde, der Hass auf das Andere, sich nicht nur in Deutschland melden. In Polen und Ungarn sehen wir Tendenzen, in Österreich, den Niederlanden und Frankreich gibt es starke Parteien dieser Gesinnung. Die Mehrheit der EU-Länder, ganz gleich in welcher Farbe regiert, hat in Sachen

Flüchtlingspolitik Distanz bis blanke Ignoranz gezeigt und die Herausforderung ist ja längst nicht zu Ende. Die als zukunftsweisend gemeinte Forderung, in der EU vom Einstimmigkeitsprinzip loszukommen und zu doch weitgehenden Mehrheitsregelungen zu finden, fliegt plötzlich wie ein Bumerang über unseren Köpfen. Was, wenn Europas Länder mehrheitlich denn doch nicht die Nagelprobe auf die Menschenrechte machen wollen? Asyl, nein danke - zumindest, wenn es nicht die sind, die wir mögen? Wenn diese Länder das Nationale als ersten Glaubenssatz haben und Europa nur als Förderer mögen, aber als Forderer ablehnen? Wenn sie - noch schlimmer - keine Patrioten sind, die ihr Land lieben, sondern Nationalisten, die andere Länder und ihre Menschen geringschätzen?

Aber zu Deutschland - keine Ausrede, dass die anderen doch auch ... Hier kommt es zuerst auf uns an. Wir haben ein ziemliches Auf und Ab erlebt. Nach dem Ende des organisierten, verstaatlichten Kommunismus weltweit und der permanenten Atomwaffenbedrohung, nach der friedlich gelungenen deutschen Einheit (was heute wie ein Wunder wirkt), war die Freude an der eigenen Unübertrefflichkeit dominierend. Es ist schön zu gewinnen. Die soziale Marktwirtschaft würde sich verbreiten, die Demokratie auch, der Frieden würde stabiler. Nun, manches erwies sich als Illusion. Eigentlich geht es uns ja (noch) gut, aber: Balkan, Ukraine, Umweltzerstörung, Finanzkapitalismus, Terror, uneiniges Europa, das gab es und gibt es alles. Auch die Aufspaltung von Lebenschancen bei Bildung, Einkommen und zwischen reichen und armen Regionen, auch bei uns. Aus 1,8 Milliarden Menschen weltweit vor 100 Jahren wurden 7,5 Milliarden heute, werden etwa zehn Milliarden um 2050. Die Bevölkerungszahl unseres Nachbarkontinents Afrika vervierfacht sich in diesem Jahrhundert. Mehr als 30 Prozent der Menschen dort werden unter 16 Jahren jung sein. Es fliehen Millionen von Menschen vor Terror, Krieg, Hunger, Unfreiheit. Menschen ertrinken zu tausenden im Mittelmeer. Flüchtlinge in großer Zahl kommen auch in unseren Städten an. Flüchtlingsunterkünfte brennen. Die Besorgnis ist da und immer wieder die Frage: Wohin führt das? Wie kann man das in den Griff bekommen? Wer?

Aber die jüngere Deutsche Geschichte fängt ja nicht 1990 an. Die Zeit zwischen 1945 und 1990 steckt uns auch noch in den Köpfen, im Gemüt.

Drei West-Zonen, dann Bundesrepublik Deutschland: Die Flüchtlinge, die aus den ehemaligen Ostgebieten kamen, wurden geduldet, aber keineswegs überall freundlich empfangen. Immerhin, es waren Deutsche, das galt auch für die, die später als Aussiedler kamen. Anders war es von Anfang an mit denen, die als sogenannte Gastarbeiter kamen, aus Italien, Spanien, Griechenland, dann aus der Türkei und anderen Ländern. Sie wurden freundlich, aber als Fremde begrüßt, die helfen sollten, aber auch wieder gehen. Mehr als zwei Drittel – geschätzt – kehrten im Laufe der Jahre tatsächlich in ihre Heimatländer zurück. Aber Millionen integrierten sich. Das alles nicht zum Schaden unseres Landes, im Gegenteil. Der Rechtsradikalismus der 60er-/70er-Jahre, der es als Parteien ja auch bis in Landtage und in die Bundesversammlung brachte, war gespeist aus der Abwehr gegen die Ostpolitik Willy Brandts. Aber immer wieder, bis in die 90er-Jahre, gab es auch Attacken gegen Asyl und Zuwanderung. Einige Landtagswahlen sind da in besonderer Erinnerung, auch einige CDU-Politiker. Für jeden, der das damals erlebte und als schändlich empfand, war es deshalb ein großer Fortschritt, als 2015 so viele Menschen den Flüchtlingen, die in unser Land kamen, die Hände reichten und sich – viele von ihnen immer noch – engagierten. Eine Ost-Zone, dann Deutsche Demokratische Republik: Die Flüchtlinge, die aus den ehemaligen deutschen Ostgebieten kamen, gab es hier natürlich auch. Aber insgesamt wurden relativ wenige Menschen aus anderen Ländern als Arbeitskräfte ins Land geholt. Die DDR hatte eher Probleme mit Abwanderung als mit Zuwanderung.

Deutschland war in dieser Zeit von 1945 bis 1990 kein souveräner Staat. Wir waren Puffer, im Westen wie im Osten, in einer bipolaren Welt. Nach den Verbrechen Deutschlands in Nationalsozialistischer Zeit waren wir in der Völkergemeinschaft unter Beobachtung und durften nur bedingt – auf Sondergenehmigung sozusagen – eigenständig international aktiv sein, am ehesten noch in Europa und mit geschätzter D-Mark aus unserer Wohlstandsentwicklung. Seit 1990 ist das anders. Ab da und zunehmend haben wir Mitverantwortung für das, was in unserem Umfeld, was in Europa geschieht, und mit Europa, was in der Welt geschieht. Die scheinbare Lehre aber aus der Erfahrung der Zeit nach 1945 kann man auch anders formulieren (aus Beschränktheit oder weil es einem so gut in den Kram passt): Wer sich raushält aus der Welt, bei sich bleibt und das Fremde fernhält, der gerät auch nicht in die unmittelbare Pflicht, anderen zu helfen, zu teilen. In unserer Vätergeneration, die die Schnauze voll hatte vom deutschen Marsch in Stiefeln durch andere Länder, war dieser Rückzug auf uns selbst populär, verbreitet, nicht in jedem Aspekt angenehm, weil er nicht aggressiv war. Aber doch immer egozentrisch und nicht teilnehmend interessiert an der Lage der Menschen in den betroffenen Ländern. Vom Herrenmenschentum wurde nicht mehr gesprochen, aber die Idee der Gleichwertigkeit war ziemlich weit weg. Es war abwehrende Ignoranz gegenüber den Betroffenen. Und auch wenn Abwehr nicht aggressiv auftritt, hat sie Mitverantwortung für das, was geschieht oder eben nicht geschieht. Da simuliert man einen schmalen Grat von Neutralität, den es aber in Wahrheit nicht gibt. Man hilft oder man hilft nicht. Das liegt nun Jahrzehnte zurück, aber es war prägend. Und auch dieser Schoß ist noch fruchtbar. Und so nutzen jetzt die Völkischen die globalen Wirrnisse, um für das deutsche Volk und seine nationalen Grenzen einen neuen Kult-Status zu popagieren. Und da in Deutschland – jedenfalls gegenwärtig – das Niveau an sozialer Sicherheit vergleichsweise hoch ist, lässt sich recht simpel argumentieren: Wenn wir uns um uns selbst kümmern und die Welt einfach Welt sein lassen und die Fremden Fremde, sind wir für uns auf einem guten Weg. Die 99 Prozent übrige Welt müssen sehen, wie sie klarkommen mit ihrer Situation. Dabei ist unterstellt, dass diese 99 Prozent den exklusiven Sonderstatus Deutschlands akzeptieren und sich so verhalten, dass die Prosperität in unserem Lande und unsere weltweite Vernetztheit keinen Schaden nehmen. Nötigenfalls würde man wohl auch die Schlagbäume runter und die Zugbrücken hoch machen. Da sind Reaktionäre auf der Lauer. Die kruden Ideen der völkischen Ideologen richten sich natürlich nicht nur auf die Flüchtlingsfrage, aber mit ihr verbinden und erklären sich die wichtigsten Aspekte ihrer »Alternativen«.

Die globale Mobilität und Allgegenwärtigkeit spielt ihnen dabei in die Karte. Dass eine »Weltpolitik« Ökologie sinnvoll, ja dringend notwendig ist, scheint überwiegend gelernt. Die Drohungen mit Hochwasser, Sturm und Dürre sind überzeugend. Die Fakten sind eindeutig. Die Ignoranten auf diesem Feld werden seltener. Dass trotzdem noch nicht genug geschieht in Sachen Umwelt, ist leider wahr.

Beim Thema Finanzwirtschaft ist die Welt mindestens seit 2007/8 auch in einem Lernprozess, der in vergleichbare Richtungen zeigt. Alle sind Beteiligte, alle sind Betroffene. Aber es ist eine subtile Thematik, man fühlt sich massiv berührt, aber doch nicht in der Lage, da wirklich eigene, tragfähige Lösungen vorschlagen zu können. Man weißt nicht, aber man hofft.

Auch die soziale Vernetzung der Welt und Aufeinanderbezogenheit ist Fakt wie bei Ökologie und Ökonomie. Aber hier kann nun jeder mitreden, sehr konkret, anscheinend oder scheinbar, jedenfalls ist das alles andere als anonym. Keine Spekulationen und Algorithmen. Dieser Teil der Globalität bedeutet: Fremden begegnen, Fremder sein, Gleichwertigkeit akzeptieren, Anderssein und ungewohnte Lebensweise auch. Sammeln oder Teilen, Haben oder Sein. Die Dimension dieser Herausforderung ist umfassend und stärkt den Aberglauben, der Rückzug in die Überschaubarkeit sei sinnvoll und möglich

Das Thema ist latent vorhanden, erwähnt, aber nicht wirklich intensiv diskutiert. Und nun ist es ziemlich plötzlich und ziemlich ungeordnet in den Vorgärten Deutschlands. Aber so war das nicht gemeint. Die Freiheit dieser armen, ungebildeten Schlucker in ihren Ehren, aber meine Freiheit reicht bis an die Grenze Deutschlands und deren Freiheit auch, aber bitte von außen – so wird geredet im Lande. Mag ja alles sein mit der wachsenden Menschheit, dem Hunger, der Gewalt, der Bildungskatastophe. Eine Politik der nachhaltigen Entwicklung, Schritte in die richtige Richtung, Unterstützung durch die UN oder durch Benefiz-Veranstaltungen oder Sammlungen zu Weihnachten, leise – alles in Ordnung, kann sich ja jeder dran beteiligen, der Lust drauf hat. Aber so? und noch die Frage, nein, die Erwartung: Wieso laufen diese vielen jungen kräftigen Männer denn dort fort, statt ihre Heimat gegen den Terror zu verteidigen, wie auch immer das ausgeht? – Das würden wir doch schließlich auch tun! Und so ähnlich. Und so weiter. Es ist schwer auszuhalten. Aber es ist eine Minderheit. Und es muss eine Minderheit bleiben.

Die anscheinend/scheinbar positiven Entwicklungen bei den sozialen Dingen weltweit sind bei all dem hoffnungsvoll und sollen nicht verschwiegen sein. Die Menschheit ist nicht hilflos. Die Milleniumsziele der UN sind nicht gescheitert. In den vergangenen Jahrzehnten wurde durch entschlossenes Handeln und Helfen Beachtliches erreicht bei der Bekämpfung von Hunger, Not, Krankheiten, Analphabetentum. Nie lebten so viele Menschen menschenwürdig. Ein ermutigender Erfolg! Der aber relativ blieb, weil gleichzeitig die Zahl der zusätzlich geborenen Menschen noch schneller wuchs als die Positiv-Trends, Diese Entwicklung setzt sich fort, verstärkt sich weiter. Regional sehr unterschiedlich, wie wir auch in Europa sehen. Die generelle Formel ist aber überall unübersehbar: Die Menschheit wächst am raschesten, wo der Bildungsnotstand am größten ist. Und auch deshalb ist die systematische Ausrottung der

Bildungsangebote für ganz viele Menschen die nachhaltigste aller Katastrophen. Beispiel: Boko Haram und IS. Bildung ist ein Menschenrecht! (Die Sozialdemokratie hat das von ihren Altvorderen gelernt. Die waren die Förderer und Betreiber von Bildungs- und dann Arbeiterbildungsvereinen. Motto: Wer nicht Bescheid weiß, kann sein Recht auf Freiheit nicht wirklich realisieren). Wo Staaten, bestehende oder neue oder Teile davon, dieses Recht auf Bildung unterdrücken, subtil oder brutal, ist das ein Desaster für die dort Lebenden und für die vielen, die dort noch geboren werden. Das alles ist erkennbar, offensichtlich. Das geht vor internationale Gerichte, es ist ein Verstoß gegen Menschenrechte.

Aber haben denn diese AfD und ihr Nährboden es wirklich verdient, hier mit den Mega-Themen und -Problemen der Menschenheitsentwicklung in Verbindung gebracht zu werden? Ja. Ist das nicht zu viel Aufmerksamkeit für sie? Nein. Denn sie wollen sich damit abfinden und Milliarden Menschen deren Schicksal überlassen. Darüber sprechen heißt deshalb auch: Es enttabuisieren und Schlüsse ziehen können: Sagen was ist! Klären was geht! um Mehrheiten werben! Handeln! Und allem voran die Frage beantworten: Wie wollen wir leben, heute, morgen, übermorgen? Und was können wir dazu beitragen, dass das gelingt?

Wie wollen wir leben? Im Wohlstand, klar, aber auch und unverzichtbar mit den Grundrechten unseres Grundgesetzes und unserer repräsentativen Demokratie. Dazu gehören die Würde jedes Menschen, die Gleichberechtigung von Mann und Frau, das Gewaltmonopol beim Staat, das Asylrecht, ein demokratisch verfasstes Europa, und das verträgt sich erfahrungsgemäß gut mit dem Wohlstandsziel.

Sagen was ist: Die Welt muss handeln, dringend. Die im Mittelmeer Ertrinkenden sind das Fukushima der sozialen Globalisierung des 21. Jahrhunderts. Klären was geht: Afrika und der Nahe Osten sind die Nachbarn Europas. Europa muss seine Zusammenarbeit mit ihnen intensivieren und Deutschland hat – auch im eigenen Interesse – eine wichtige Funktion dabei als stärkstes Land der EU. Die EU muss in der Welt (bei der UN, bei großen wie bei verbündeten Ländern, bei Unternehmen) dafür werben, dass diese Regionen entscheidende Impulse für Stabilisierungen bekommen können. Es kann noch eine Chance vernünftiger Gestaltung geben. Viele junge Menschen zu haben, das muss ja nicht ein Risiko bleiben, das kann auch Zukunftsfähigkeit werden. Klären was geht, das heißt auch: mindestens bei uns im Land stärker in den Modus der Integration zu finden. Zu Begreifen, dass Integration kein Crash-Kurs von wenigen Monaten ist, sondern dauert. Dass sich Integration aber für alle lohnt, auch für uns. Und dass sie als gemeinschaftliche Aufgabe auch mit unseren eigenen, deutschen demografischen Herausforderungen und denen der Migration verknüpft werden muss.

Um die Mehrheit werben: Es ist eine Schwäche unserer Demokratie (geworden), dass über Herausforderungen der Gegenwart und der Zukunft zu wenig offen diskutiert wird auf der Grundlage von Fakten und Daten. Schule und Elternhaus und Medien haben wichtige Funktionen dabei, Parlamente und Parteien aber mindestens in gleichem Maße. Politische Bildung braucht Offenheit. Das kommende Jahr 2017 ist wichtig: In der Bundestagswahl wird von den Wählerinnen und Wählern aller demokratischen Parteien ein klares Zeichen gesetzt werden müssen für einen Schulterschluss. Das Grundgesetz mit seinen Grundrechten hat große Zustimmung und unsere parlamentarische Demokratie hat das Vertrauen der großen Mehrheit der Menschen in Deutschland. Das ist die Grundlage der Arbeit unserer demokratischen Parteien. Der offenen und öffentlichen Debatte und dem politischen Streit um den richtigen Weg in den wichtigen politischen Entscheidungen tut das keinen Abbruch. Und es gibt ja reichlich konkretes Potential für harte Debatten im Sinne einer sozialen und demokratischen Politik, die »auf der Höhe der Zeit« ist. Übereinstimmung in den Grundsätzen und Streit im konkreten Handeln heben sich nicht gegenseitig auf. Sie machen aber den Kompromiss möglich, der in der Demokratie unvermeidbar ist (und oft leichtfertig verhöhnt wird).

(Anmerkung zu einem offenen Punkt: Das Diktum des CDU-Vorsitzenden Horst Seehofer zum Parteienspektrum birgt für das Wahljahr 2017 einiges an Brisanz: Seine Forderung, es dürfe keine Partei rechts von CSU/CDU geben, auf keinen Fall rechts der CSU, kann ja zweierlei bedeuten: Entweder, Seehofer traut sich zu oder erwartet von anderen, die potentiellen AfD-Wähler umzustimmen, – mit welchen Argumenten auch immer und wo bleiben diese bisher? – oder er sagt ihnen: Wählt CSU, wir machen das auch, was die AfD Euch verspricht. Er hat es hoffentlich nicht ganz ernst gemeint. Aber als Partner im demokratischen Spektrum zeigt er da eine offene Flanke, die ihn und die CSU disqualifizieren könnte. Seehofer wird dieses Wissen und seine Forderung bald relativieren oder ganz aus dem Verkehr ziehen müssen. Oder sagen müssen, dass er den Konsens der Demokraten aufkündigt. Das wäre allerdings ein größeres Problem).

Peter Radunski

Strategien gegen die AfD

»Angst essen Seele auf« Fassbinder
»Angst frisst Vertrauen« Obama

I. Strategie der Auseinandersetzung mit der AfD

Ein Gespenst geht um in den Parteienlandschaften: der Populismus, Ressentiment gewirkt. Die Akteure der westlichen Demokratien, Presse, Parteien, Verbände und Zivilgesellschaft können diese Entwicklung bisher nicht aufhalten. Von den USA mit Trump über Frankreich, Dänemark, Niederlande, Italien, Polen und Österreich bis hin zu Deutschland werden Strategien gegen diese neue politische Trendwelle gesucht. Dieser Populismus verändert Schritt für Schritt die gewachsene Parteienlandschaft und begründet neue politische Konstellationen. Auch in Deutschland bestätigt sich wieder die alte Regel, dass in Zeiten der Großen Koalitionen die Ränder wachsen.

Die AfD wird schon wieder verschwinden, wie ehemals die Schill-Partei, die Republikaner, die NPD, die DVU und wenige andere regionale Erscheinungen. Das wird sicher in Deutschland bei vielen Politikstrategen der Parteien still gehofft. Wer von dieser

Gedankenblässe noch angekränkelt ist, wird die Bundestagswahl 2017 eher als Roulette, denn als Konzept gestalten können.

Wie geht man mit der AfD um? Eine wirksame Strategie ist ja noch nicht gefunden worden, gefragt sind pragmatische Ansätze und Erfahrungen.

Ignorieren? – Das half vielleicht in den Anfängen der AfD, jetzt geht diese Strategie fehl. Die AfD und ihre Ressentiments sind da und finden viel Anklang. Fast 50 Prozent der Wähler finden die Existenz der AfD gut, ohne sie unbedingt zu wählen, wie Meinungsforscher zeigen. Der Einwand »Macht sie nicht auch noch bekannt durch Eure Kritik« stimmt nicht mehr. Natürlich bringt die Auseinsetzung mit der AfD eine gewisse Aufmerksamkeit für sie, kann sie auf Dauer aber auch schwächen. Ignoriert werden darf die AfD auf keinen Fall. Sie ist längst eine öffentliche Angelegenheit.

Imitieren politischer Positionen und Aussagen der AfD hat jetzt wenig Chancen. Der Wähler wählt das Original und nicht die Kopie. Julia Klöckner und Guido Wolf, die beiden CDU-Spitzenkandidaten in Rheinland-Pfalz und Baden-Württemberg, sind in ihren Wahlkämpfen damit reingefallen. In Österreich geht es den Regierungsparteien SPÖ und ÖVP genauso.

Also auseinandersetzen. Die AfD muss als ernster politischer Konkurrent angesehen werden. Die Auseinandersetzung muss akribisch und kritisch mit Partei, Programm und Politikern erfolgen.

Ton und Sprache dieser Auseinandersetzung müssen vor allen Dingen die Wähler der AfD berücksichtigen, die ja bereits etablierte Parteien gewählt haben und sogar ihre Mitglieder waren. Eine Scheinauseinandersetzung mit Rechtsextremisten allein wird wenig helfen, obwohl man die Entwicklung der AfD zwischen Populismus und Rechtsextremismus genau beobachten muss. Zu lange haben Politik und Presse mit der Political Correctness-Schere im Kopf die Politik der AfD angesprochen. Gerade die Political Correctness wird im Gefühl vieler Menschen von der AfD geschickt überspielt. Die Menschen wollen von Ihren Ängsten, Vorurteilen und Ressentiments hören.

Drei Komponenten prägen diese Auseinandersetzung mit der AfD

- Zunächst darf keine schiefe Schlachtordnung Kopf gegen Herz entstehen. AfD-Wähler sind meist emotionsgeladen. Ängste, Ärger, Vorurteile dominieren ihr Wahlmotiv. Man darf nicht den

Fehler machen, mit ihnen rational politisch zu diskutieren, man muss auf diese Gefühle eingehen. Sozialpsychologisches Einfühlungsvermögen ist gefragt, wenn die Parteistrategen diese Stimmung treffen wollen. Begriffe wie Deutschland, Heimat, Fremdenangst, Anti-Islamismus müssen aufgegriffen und gesprächsweise mit AfD-Anhängern behandelt werden. Es wird Zeit, in der politischen Sprache der Parteien ein eigenes Deutschlandbild zu entwickeln und die Gesellschaft nach dem Motto »So wollen wir leben« darzustellen.
Für viele Parteien ist damit eine zwangsweise Rückkehr zu ihren Grundlagen und Werten in der Politik verlangt. Nur so können sie aktiv auf Ängste und Politikerfrust eingehen. Ein schwieriger und langer Diskussionsprozess muss durchgehalten werden. Es ist ohnehin an der Zeit für die Politiker von ihren Grundlagen her zu agitieren.

- Die AfD hat jetzt ein Programm, sie ist fassbar geworden. Damit ist eine gute Möglichkeit für politische Kritik an der AfD gegeben. Die AfD kann so in Sachfragen gestellt, politisch praktisch beurteilt und schließlich auf ihre Regierungsfähigkeit in einer komplexen Gesellschaft überprüft werden. Das alles in einer Sprache, die klar ist, ohne zu diffamieren. Ein Kampf gegen rechts allein hilft in der Auseinandersetzung mit der AfD nicht. Die Bürger müssen zu ihren Meinungen und Ängsten angesprochen werden. In den 1970er- und 1980er-Jahren war das in politischen Versammlungen und Reden der Fall. Damals wurden Auseinandersetzungen zwischen Union und SPD polarisiert, Wahlkämpfe wurden hart und kontrovers geführt. Das half vielen Menschen, ihre eigene politische Meinung zu bilden. Einen großen Verdienst hatte Franz-Josef Strauß. Obwohl er mit Hohn und Spott übergossen wurde, ist es ihm immer wieder gelungen, Ressentiment-geladene Wähler im Unionslager zu halten und nicht nach rechts abdriften zu lassen. Strauß hat mit eigener Schärfe, klarer Sprache, manchmal auch demagogisch, dieses Ziel erreicht. Einen solchen Politiker wird man heute bei den etablierten Parteien vergeblich suchen.

- Die Auseinandersetzung mit der AfD muss auch organisatorisch präzise in den Parteien aufgebaut werden. Vielleicht ist der Aufbau von »Rapid Response« in den Parteien notwendig, um der

AfD schnell zu antworten. Es wäre falsch, der Presse das alles allein zu überlassen. Die AfD muss wie alle anderen dem politischen Stress ausgesetzt werden. Sie darf nicht kommentierender Begleiter, sondern muss Akteur der demokratischen Auseinandersetzung sein. Auch die AfD muss die politischen Marktgesetze unserer Gesellschaft anerkennen: Die Partei und ihre Politiker müssen sich der harten Konkurrenz des politischen Lebens stellen. Politik allein zu kommentieren und zu kritisieren ist auf Dauer ohne politischen Einfluss und Gestaltungsmöglichkeit. Die AfD wird den Aufbau einer dauerhaften Parteiorganisation leisten müssen, die sich einer Rechtsunterwanderung erwehren kann. In den Parlamenten muss sie konstruktive Sachpolitik bieten, was Gelegenheit gibt, mit ihr im parlamentarischen Prozess zusammen zu arbeiten. Diese Gelegenheit dürfen sich die etablierten Parteien nicht entgehen lassen.
Die Bundestagswahl schließlich wird für alle eine Entscheidungsschlacht werden. Dann werden die Würfel fallen. Ist die AfD eine neue Partei des deutschen Parteiensystems? Im Herbst 2017 kann man endgültige Prognosen über die Zukunft der AfD machen.

II. Strategie Regierungsbeteiligung der AfD

Für manche kommt es sicherlich überraschend, die AfD in Regierungen zu sehen. Aber in den Kommunen und Ländern, natürlich nicht in der Bundesregierung, sollte die AfD nach Koalitionsbeteiligungen gefragt werden. Noch lehnt die Mehrheit der Befragten eine Regierungsbeteiligung der AfD in Umfragen ebenso ab wie interessanterweise die AfD selbst. Man hat das Gefühl, die AfD scheut das Regieren wie der Teufel das Weihwasser. In einigen Interviews hat das ihr Vordenker Alexander Gauland verdeutlicht. Für ihn ist die AfD »noch längst nicht gesettelt«, um schon in die Regierung eines Landes zu gehen. Hier zeichnen sich Meinungsverschiedenheiten innerhalb der AfD ab: Wo Gauland lange aufs Regieren warten will, sieht der Bundesvorsitzende Jörg Meuthen eine Regierungsbeteiligung in naher Zukunft, seine Kollegin Frauke Petry dagegen strebt Mitarbeit in Regierungen an. Aber eine Strategie zur Schwächung der AfD muss nicht darauf warten, bis die AfD in der Bevölkerung als regierungsfähig angesehen wird und selbst Koalitionen anstrebt. Das Koalitionsangebot an die AfD ist eine Waffe in der Auseinandersetzung mit ihr. Zunächst muss man sich allerdings vergegenwärtigen, dass wohl CDU und SPD in den Ländern nicht stark genug sind, um der AfD eine Koalition anzubieten. Das Angebot an die AfD müsste vorher von zwei Parteien abgesprochen werden. Koalitionen mit der AfD werden vermutlich immer Dreierkoalitionen sein. Eine gute Aufgabe für Farbenfreunde, die Koalitionen zu benennen. Ist ein solches Angebot aber ernsthaft, beispielsweise von SPD und Grünen oder CDU und FDP abgebeben, dann muss die AfD sich damit auseinandersetzen. Mehrfach einfach Nein zu sagen, würde auf Dauer die Skepsis ihrer Wähler erwecken. So populär die AfD im Wahlkampf argumentiert, sie kann ihren Wählern auf Dauer nicht erklären, warum sie nichts durchsetzen will. Ein-, zweimal geht das, dann aber muss die AfD Farbe bekennen. Regierungskompetenz heißt fähiges Personal, Bereitschaft zu sachlicher Arbeit und die Klarstellung, wie real ihre politischen Zielvorstellungen sind. Regierungsbeteiligung ist ein Existenztest für die AfD und ihre Spitzenpolitiker. Sie hätte Verantwortung zu tragen und Erwartungen zu erfüllen. Der Populismus und das Programm der AfD würde so der Praxis ausgesetzt.

Regierungsarbeit wird von den Wählern mit Argusaugen verfolgt. Mit Hilfe der Presse werden oft Fehler und Verfehlungen der Regierenden aufgedeckt. Für die AfD wäre die Zeit der politischen Unschuld vorbei.

Alle demokratischen Parteien müssten Kraft, Mut und Weitsicht haben, um diesen Schritt mit der AfD zu gehen. Die AfD und ihre Wähler werden mit der Regierungsbeteiligung die politischen Probleme unserer Gesellschaft erkennen müssen, die sie jetzt oft geflissentlich mit politischem Populismus übersehen. Jedenfalls müssen sie sich einer Gestaltungsaufgabe stellen. Auf Dauer aber jedenfalls sollte man die AfD im Parlamentarisch-Politischen nicht mit außerparlamentarischer Attitüde agieren lassen. Sie muss zur Politik herangezogen werden.

Ungewöhnliche Zeiten erfordern ungewöhnliche Maßnahmen. Mit der AfD muss man umgehen wie mit jeder anderen Partei. Man darf ihr auf keinen Fall dabei helfen, ihre Außenseiterrolle zu stilisieren. Vor allen Dingen muss man dabei immer an ihre Wähler denken, die aus allen politische Richtungen kommen.

Alles in allem ist es sehr wichtig für die politische Diskussion in der nächsten Zeit, dass wieder eine Ausrichtung auf das Regieren unseres Landes stattfindet, die praktische konstruktive Politik. Probleme gibt es genug, als dass sie mit Scheingefechten überdeckt werden. Demokratie ist die Methode, wie eine freie Gesellschaft sich regiert, das heißt, was sie für ihren Zusammenhalt tut und wie sie ihre Zukunft gestaltet. Die Beteiligungsstrategie dient dem Ziel, viele Wähler wieder an diesen Politikprozess heranzuführen.

III. Personalisierungs- und Mobilisierungsstrategien in Wahlkämpfen

Die AfD hält den etablierten Parteien den Spiegel vor. Sie haben sich dem politischen Betrieb so sehr verschrieben, dass sie sich selbst vom Wähler absentiert haben. Es ist fast ein Widerspruch in sich, dass Volksparteien Wähler vernachlässigen können. Allein die Analyse und das Studium von Umfragen ist noch keine Basisnähe. In den 1970er- und 1980er-Jahren waren die Parteien nah am Wähler, was alle Wahlbeteiligungen dieser Zeit nachweisen. Damals gelang es, jüngeren und zahlreicheren Mitgliedern der Parteien in Gesprächen mit den Wählern und in Besuchen bei ihnen zuhause Ressentiments abzubauen. Das ist offensichtlich zu selten geworden. Heute sehen viele Wähler ihre Ängste und Vorurteile bei der AfD aufgehoben.

Jede Zeit hat ihre vagabundierenden Ängste, und Politik muss damit fertig werden. Die etablierten Parteien nehmen die Ängste nicht auf. Für die Wähler ist die AfD das Kommunikationsmittel geworden, Ängste aller Art wichtig zu nehmen und ihnen Gehör zu schenken. Die AfD schürt natürlich diese Ängste auch, sie ist die Angstmacherpartei. Immer neue Themen werden herangeholt: Europa, Flüchtlinge, Islam und Politikerverdruss. Für Wut und Ängste hat die AfD immer politische Beispiele. Bald werden es auch die Themen, Rente, TTIP und Wirtschaft sein. Dagegen können die traditionellen Parteien kaum noch eigene Themen in die Öffentlichkeit setzen. Agenda-Setting ist kaum möglich. Deshalb ist es wohl besser, Agenda-Surfing mit aktuell politischen Themen zu betreiben. Die AfD wird damit aktuell thematische Konkurrenz bekommen, ohne dass sie kopiert wird. Nur wenn eigene Konzepte der Parteien im Rahmen des Agenda-Surfing präsentiert werden, wird es für die AfD schwierig.

Ein gutes Beispiel zur Auseinandersetzung mit der AfD ist der CDU eingefallen. Sie will ihr Traditionsthema Sicherheit, innere

Sicherheit, soziale Sicherheit und wirtschaftliche Sicherheit, wieder aufnehmen. Wer in die Umfragen vergangener Jahrzehnte blickt, findet immer wieder eine alte Erfahrung bestätigt, dass bei Slogantests die Aussage »Wir schaffen wieder Sicherheit« immer großen Anklang fand. Die CDU ist hier auf dem richtigen Weg. Ebenso Sigmar Gabriel, der seine Partei mit sozialen Konzepten im Kampf gegen die AfD stärken will. Bei der LINKEN mahnt Bodo Ramelow, die Ängste der Menschen wieder ernst zu nehmen und nicht nur als Oppositionspartei zu agieren. Wolfgang Kubicki gar ruft seine FDP auf, die AfD im Bundestagswahlkampf zu überholen, was er als demokratische Pflicht ansieht. Die Grünen wollen laut Jürgen Trittin ihren eigenen Kurs stärken und sich auf keinen Fall von der AfD treiben lassen.

Sind viele Hunde des Hasen Tod – Alle gegen AfD? Die Parteien haben Fährte gegen die AfD aufgenommen. Das gelingt nur mit Parteiorganisation.

Der moderne Wahlkampf kennt drei Erfolgswege

1. Wenige positive Themen und Angriffsthemen (Programmwahlkampf)
2. Geschlossenheit und Mobilisierung der Partei (Mobilisierungswahlkampf)
3. Spitzenkandidat oder -kandidatin (Personalisierungswahlkampf)

Die Themen sind eingebettet in die Personalisierungs- und Mobilisierungsstrategien. So besteht der moderne Wahlkampf eigentlich nur aus zwei markanten Punkte: Personalisierung und Mobilisierung.

Die Parteistrategen müssen sich auf die Megatrends im Wahlkampf 2017 einstellen.

Kurz skizziert:

A) Populistische Trends, schnelle Meinungswechsel, hohe Nichtwähleranteile und späte Wählerentscheidung
B) Personen sind das Gesicht der Politik – Orientierungshilfe für die Wähler
C) Psychologische Grundtrends und Grundwerte. Angst oder Vertrauen. Kann Kassandra Bundestagswahlen gewinnen?
D) Mobilisierung durch Dialog. Menschen überzeugen Menschen, persönliche und Massenkommunikation.

Die Person wird immer wichtiger in der Politik. Mit ihren Politikern hat die AfD ein Handicap. Keiner hat das Image eines Kanzlerkandidaten, schon gar nicht gegen Angela Merkel. Gute Spitzenpolitiker können für die Wahl der Partei fast 50 Prozent der Wählerstimmen einbringen. Die Wähler sagen immer, dass sie den oder die Politikerin dem Programm vorziehen. Dieser Pull-Faktor von Politikern ist ein wichtiges Mittel gegen die AfD.

Ein populärer und kompetenter Politiker kann die Ängste der Menschen auffangen und Vertrauen schaffen. Die Parteien müssen ihre Kandidaten stärker unter diesen Gesichtspunkten aufbauen. Gute Spitzenpolitiker können stärker wirken als Programme, vielleicht auch als populistische Sprüche. Bei der Personalisierung liegen die Trümpfe eindeutig auf Seiten der etablierten Parteien.

Anders bei der Mobilisierung. Hier hat die AfD eine starke gesprächsbereite Basis, die ihre Thesen ausbreitet. Dagegen müssen die Parteien sich organisieren, um selbst eine direkte Wähleransprache zu ermöglichen. Der Wettlauf zum Wähler ist ausgerufen. Die Siegesfrage heißt: Wer kann mit vielen Wählern sprechen? Die AfD-Argumente müssen mehr Gegenargumenten ausgesetzt werden. Menschen überzeugen Menschen besser als Medien. Eine schon lange erwiesene Erfahrung. Sie muss in Organisation gegossen werden.

2017 wird das Gespräch mit den Wählern die Bundestagwahl stark beeinflussen. Die Öffentlichkeit wird sich selbstverständlich weiter hart und kritisch mit der AfD auseinandersetzten. Argumente in Gesprächen können das verstärken. Hier kann die AfD zurückgedrängt werden. Die große Frage wird wie immer lauten: Wer gewinnt die Mitte bei der Bundestagswahl 2017, und wer kann die Wähler von rechts in die Mitte zurückholen? Die Qualität der Wahlkämpfe und die Kampfkraft der Parteien werden wohl die Bundestagwahl 2017 entscheiden.

Ralf Stegner

Widerspruch und Klarheit – wie wir gegen die AfD gewinnen

»Mir egal, ich wähle sowieso die AfD! Ihre Argumente interessieren mich nicht!« So rief mir ein Passant im Landtagswahlkampf in Sachsen-Anhalt zu. Er sei unzufrieden mit Merkels Flüchtlingspolitik, und außerdem wolle er einen starken Sozialstaat. Als ich erwiderte, dass es den mit der AfD, die Steuern für Wohlhabende senken wolle, sicher nicht gäbe, sagte er, dass sei ihm wohl bekannt. Er teile auch eigentlich keine Position mit der AfD, aber sie sei für ihn der »heilsame Stachel im Fleisch der etablierten Parteien«, denn diese würden sich nur klarer und sozialer aufstellen, wenn sie sich gegen die AfD positionieren müssten. – Der Gedankengang ist so aberwitzig wie alarmierend. Da meint jemand, einen stärkeren Staat zu bekommen, indem er eine Partei unterstützt, die nachweislich nichts lieber will, als unsere bestehende staatliche Ordnung zu zerstören. Ist er ein typischer Denkzettelwutbürger? Und warum sind die Wutbürger scheinbar in kürzester Zeit so viele geworden?

Wir können feststellen: Deutschland hat eine erfolgreiche Wirtschaft, wenig Arbeitslosigkeit und großen Wohlstand. Dennoch haben viele Menschen bis in die Mittelschicht hinein den Eindruck, dass es in Wirtschaft, Politik und Gesellschaft immer ungerechter zugeht. 82 Prozent der Deutschen finden, dass die Ungleichheit in Deutschland mittlerweile zu groß ist. Hinter dieser riesigen Zahl verbergen sich auch solche Menschen, denen es selbst gut oder sogar sehr gut geht. Das heißt: Eine überwältigende Mehrheit in Deutschland hat nicht mehr das Gefühl, dass es in unserer Gesellschaft einigermaßen gerecht zugeht.

Natürlich sind das nicht alles Rechtspopulisten – im Gegenteil: So gut wie alle Sozialdemokraten, die ich kenne, gehören dazu. Sie sind in der SPD, weil sie die Ungleichheit ändern wollen. Weil sie wissen, dass auf Dauer nur eine gerechte Gesellschaft unsere freie, soziale Demokratie und unseren Wohlstand erhalten kann. Sie wollen Verantwortung dafür übernehmen, dass die Gesellschaft zusammenhält. Sie wollen die echten Probleme der Menschen angehen.

Das überzeugt aber derzeit zu wenige Menschen: Die großen Volksparteien befinden sich in einer Vertrauenskrise. Es gibt das weit verbreitete Gefühl, dass »DIE da oben«, »DIE Politiker« oder »DIE Politik« (die es ja nicht gibt) den normalen Alltag der Menschen in Deutschland nicht mehr kennt. Es ist etwas ins Rutschen gekommen in unserer Gesellschaft. Und es sind leider Rechtspopulisten, die ihr menschenfeindliches Süppchen daraus kochen.

Aktuelle Studien zeigen: Rassistische und menschenfeindliche Einstellungen sind bis weit in die Mitte der deutschen Gesellschaft vorgedrungen. Wenn in einigen Teilen des Landes über 20 Prozent der Wähler mit den neuen Rechtspopulisten von der AfD liebäugeln, ist das ein Alarmsignal gerade für die Schwächeren in unserer Gesellschaft. Die Populisten werden zu einer Gefahr für unsere Demokratie.

Ein gar nicht so kleiner Bodensatz von echten Menschenfeinden, Rassisten und Neonazis, den es schon immer gab (politisch organisiert beispielsweise in DVU und NPD), findet mit der AfD nun den Schafspelz einer rechtspopulistischen Partei, die salonfähig erscheint. Sie haben mit der Flüchtlingssituation ein Thema gefunden, das vielen Menschen Sorgen bereitet. Doch nur mit dem Flüchtlingsthema lässt sich der Zustrom zur AfD nicht ausreichend erklären. Eine erkleckliche Anzahl von Bürgerinnen und Bürgern ist mit den etablierten politischen Parteien unzufrieden und auf der Suche nach neuer politischer Heimat. Einige von ihnen haben völlig irrationale Ängste und Sorgen, vor der Islamisierung Sachsens zum Beispiel, oder vor anderen wüsten Verschwörungsszenarien. An der Stelle ist eine gute Psychotherapeutin eher gefragt als die Politik. Aber andere sind einfach unzufrieden, zum Teil sogar aus nachvollziehbaren Gründen. Das allein macht Menschen noch nicht zu Rechts-Wählern. Aber alle Rechts-Wähler eint, dass sie unzufrieden sind. Also sollten wir genau anschauen, was zu dieser Unzufriedenheit führt.

Da ist etwa die Angst, dass die Welt unsicherer ist, weil der Terrorismus eine reale Bedrohung in Europa geworden ist. Dass Bürgerkriege in anderen Teilen der Welt plötzlich ganz nahe sind, weil Menschen vor dem Tod nach Europa fliehen. Gerade die Globalisierungs- und Modernisierungsverlierer, etwa ein Viertel der Gesellschaft, häufig vor allem Menschen mit niedriger formaler Bildung, fürchten deshalb Veränderungen und Verteilungskämpfe, weil sie zu Recht annehmen, dass sie die ersten Verlierer wären. Sie sorgen sich um ihren Job, den in Zukunft vielleicht eine Maschine erledigen könnte, um ihre Wohnung, die zu teuer werden könnte, wenn weiterer Druck auf dem Wohnungsmarkt entsteht, um noch mehr Konkurrenz bei Kita-Plätzen, kurz: um den Verlust des Lebens, das sie kennen, um ihre mühsam erlangten Sicherheiten. Für sie stellt Globalisierung eine Bedrohung dar. Wenn dann eine diffuse »Ihr da oben«-Haltung und ein generelles Misstrauen gegenüber den etablierten Parteien dazukommen, haben rechte Vereinfacher leichtes Spiel.

Aber wir sollten nicht glauben, anfällig für rechtspopulistische Propaganda seien allein die ungebildeten Armen. Bis tief hinein in die Gesellschaft zieht sich ein weiteres Phänomen: Neue Technologien, neue Infrastruktur, neue Nachbarn – der Wandel unserer Gesellschaft, den mancher als Fortschritt begreift, macht anderen Angst. Menschen sehnen sich deshalb nach Ordnung und weniger Komplexität. Das öffnet den Populisten mit ihren einfachen, aber falschen Antworten Tür und Tor.

Wenn Menschen dauerhaft den Glauben an die Gestaltungskraft der Politik verlieren, sich ohnmächtig und abgehängt fühlen, weil sie keinen Hebel sehen oder kennen, über den sie selbst etwas bewegen können, wenn Menschen keine Chancen für den eigenen sozialen Aufstieg oder zumindest den ihrer Kinder sehen, wird die Demokratie langfristig keine Chance haben. Das darf keine demokratische Partei kalt lassen. Deshalb müssen wir der Sorge mit allen Mitteln entgegentreten, die zu uns kommenden Flüchtlinge bekämen jetzt etwas, was dann für andere nicht mehr da ist. Einen solchen Verteilungskampf sollten und werden gerade wir Sozialdemokraten nicht zulassen. Das wäre der ideale Nährboden für die rechtspopulistische Hetze der AfD, weil es das Gerechtigkeitsgefühl der Leute verletzt und Vertrauen zerstört. Deshalb investieren wir in den sozialen Zusammenhalt unserer Gesellschaft, zum Beispiel durch unser Solidarprojekt, das jetzt mehr Geld für Bildung, Arbeitsmarktförderung und Wohnungsbau für alle Menschen zur Verfügung stellt.

Der aggressive Nationalismus, für den die Rechtspopulisten werben, ein »wir gegen die«, aufgeladen mit neuem Selbstbewusstsein, klingt für einige wie eine lang ersehnte einfache Lösung. »Kontrolle zurückgewinnen«, der Schlachtruf aller Brexit-Wähler in Großbritannien, richtete sich vor allem gegen Flüchtlinge, offene Grenzen und ein oft undurchsichtiges Europa. Er war leider attraktiv für weite Teile der sozial-konservativen Arbeiterklasse, die eigentlich zu den Stammwählern der politischen Linken gehört. Die Brexit-Kampagneros haben hier mit gezielten Unwahrheiten die Stimmung angeheizt, die sie jetzt mühsam einsammeln müssen. Die Linke stellt das vor eine große Herausforderung: Sie muss die Brücke schlagen zwischen denen, die sich als Verlierer der Globalisierung sehen und den Bildungsaufsteigern der progressiv-liberalen Mittelschicht, für die der Nutzen eines vereinten Europas auf der Hand liegt. Ein »ja, aber« ist gegenüber einem klaren »ja« oder »nein« immer eine schwierige Position, auch wenn es richtig ist.

Eines haben wir aus der blutigen Geschichte des 20. Jahrhunderts gelernt: Frieden und Wohlstand wird es dauerhaft nur in einem gemeinsamen sozialen Europa geben. Europa war lange das Versprechen auf eine bessere Zukunft. Das muss es wieder werden. Demokraten müssen dafür sorgen, dass Europa diesem Versprechen wieder mehr gerecht wird, dass die Institutionen der Europäischen Union nicht technokratisch daherkommen, und müssen viel mehr erklären, welchen riesigen Nutzen gerade wir Deutschen aus der EU ziehen.

Nichts davon wollen die Rechtspopulisten der AfD. Sie nutzen die bestehenden Ängste und Unsicherheiten, um ihr Gift auch gegen Europa zu streuen. AfD & Co haben für nichts eine Lösung, aber für alles einen Sündenbock.

Wie geht die AfD dabei genau vor?

Ihr Spiel ist der inszenierte, kalkulierte Tabubruch. Ihre Protagonisten äußern beispielsweise, Deutschlands Grenzen sollten im Zweifel mit Waffen gegen Hilfesuchende »geschützt« werden. Sie bezweifeln, dass ein deutscher Pass jemandem zum Deutschen macht. Einzelne fordern gar die Todesstrafe für demokratische

Politiker. Kurz: Die AfD spielt immer wieder mit rechtspopulistischen, aber teils auch rechtsextremen, rassistischen, antiislamischen und antisemitischen Positionen. Eine riesige mediale Aufmerksamkeitswelle ist ihnen dabei stets gewiss. Darauf folgen dann die immer gleichen Halbdementis und Rückzugsgefechte, man spricht von »Lügenpresse« und Missverständnissen, aber der Punkt in der umworbenen Zielgruppe ist gemacht und die Grenze des öffentlich Sagbaren ein weiteres Mal verschoben. So kann sich jeder Sympathisant berufen, worauf er will: auf das ursprünglich Gesagte oder auf das Dementi.

Die AfD punktet durch Hetze und das Schüren von Misstrauen gegen »das System«. Ein Beispiel: Wenn der stellvertretende AfD-Vorsitzende Alexander Gauland davon spricht, Kanzlerin Merkel wolle mit ihrer Flüchtlingspolitik »das deutsche Volk ergänzen und ersetzen«, ist das nicht nur ungeheuerlich und absurd, sondern zeigt deutlich die völkisch-nationalistischen Denkmuster der AfD: Ein einfaches, kohärent erscheinendes Weltbild, mit Stolz auf das eigene (Volk) und dem Willen zu eigener Stärke, beschworen durch ein nur angedeutetes völkisches Ideal, das es zu bewahren gilt. Darüber hinaus wird geschickt auch noch die Zielgruppe der Staats-Misstrauischen bedient, indem eine Verschwörung »des Systems« angedeutet wird, denn: Wer bitte soll denn »ersetzt« werden, und von wem?

Das Ziel der AfD ist nicht weniger als der Einsturz des bestehenden politischen Systems, wie Marc Jongen, als »philosophischer Kopf« der AfD bezeichnet, im Mai 2016 in der »Zeit« bekannt gab. Auf dem Weg dahin nutzt die AfD als wichtigstes Mittel die Diffamierung aller Parteien und der Regierungsvertreter, die angeblich gegen »das Volk« (wer auch immer das genau ist) arbeiteten, bei gleichzeitiger Aufwertung der eigenen Position à la »Wir geben den Menschen ihre Stimme zurück«. Ein antidemokratischer Allmachtsanspruch, der klar aussagt: Alle (gewählten!) Politikerinnen und Politiker der klassischen Parteien hätten diese Stimme nicht und seien somit eines ernsthaften Dialogs über die besten Lösungen für die Gesellschaft nicht würdig.

Wir dürfen uns also nicht täuschen lassen. Die Rechtspopulisten sind weder harmlos noch ein »normaler politischer Mitbewerber«. Die rechtspopulistische Kampfansage gilt der demokratischen Verfassung, dem sozialen Rechtsstaat und unserer weltoffenen, pluralistischen, liberalen Gesellschaft, denn sie will (Minderheiten-)Rechte schleifen, unliebsame Meinungen unterdrücken und Grundrechte wie Religions- oder Pressefreiheit aufweichen. Wer gegen Flüchtlinge hetzt und an der Grenze auf sie schießen lassen will, wer Antisemiten in der Partei duldet und ihnen sogar »Respekt bekundet«, weil aus Pseudo-Liberalität (»keine Denkverbote«) Menschenhass nicht als Tabu gilt, der ist keine harmlose Protestpartei, sondern eine echte Gefahr für unsere Demokratie!

Wer so redet wie die AfD-Spitzen, zündelt an unserer freien, pluralistischen Gesellschaft, denn er bereitet mit den gleichen »Argumenten«, die Faschisten schon vor über 80 Jahren gebraucht haben, den Boden für Demokratieverachtung und Hass. Die Brandreden der Demokratiefeinde heute sind die Brandsätze von morgen! Deswegen bin ich überzeugt: Die AfD ist ein Fall für den Verfassungsschutz!

Lohnt sich da eigentlich noch der Blick in das tatsächliche Programm der AfD?

Ich fürchte, er muss sein, denn zu viele Menschen empfinden trotz dieser eklatanten antiliberalen, ja totalitären Grundeinstellungen die AfD derzeit als Wahloption.

Man kann das Programm ganz einfach auf den Punkt bringen: AfD steht für »Arbeitslosigkeit für Deutschland«, denn Euro weg und Grenzen dicht hießen Massenarbeitslosigkeit binnen kürzester Frist! Deutschland ist wohlhabend, weil wir unsere Güter in die EU exportieren. Wenn das nicht mehr geht, weil die Nachbarn sich unsere Güter nicht mehr leisten können und Grenzen mit Schlagbäumen den Waren- und Personenverkehr behindern, wird das immense Auswirkungen auf unsere Volkswirtschaft haben. Das zeigt: Die AfD will alles, was für normale Menschen schlecht ist! Man sieht es leicht, wenn man es will: Die AfD ist keine Partei der »kleinen Leute«, auch wenn Frau Petry, Herr Gauland und Herr Höcke das noch so oft postulieren.

Sie will Atomkraft wieder einführen, die Religionsfreiheit beschneiden, die Gleichberechtigung von Mann und Frau durch absurde Vorgestrigkeit zurückdrehen, die EU massiv in ihren Kompetenzen beschränken, Steuern für Wohlhabende absenken. Der Mindestlohn zum Beispiel kam erst in der überarbeiten Version in ihr Grundsatzprogramm, nachdem er zuerst heftig als falscher staatlicher Eingriff abgelehnt wurde, wohl auf Anraten von Demoskopen, die ihn als populär in der Wählerschaft einschätzen. Das zeigt die absolute Beliebigkeit bei Inhalten. Auch im Abgeordnetenhauswahlkampf in Berlin im Sommer 2016 zeigte sich, dass die AfD eine Politik für Reiche macht, wenn sie sich zum Beispiel nicht für bezahlbaren Wohnraum einsetzt, aber Steuern für Eigentumsbesitzer senken will. Kurz: Es geht ihnen um knallharte Politik gegen den Sozialstaat. Ihr Kernsatz lautet: Je mehr Wettbewerb und je geringer die Staatsquote, desto besser für alle. Wo soll dann das Geld herkommen, das ein funktionierender Sozialstaat braucht?

Der Staat soll in der Welt der Rechten schwach und »schlank« sein, die Reichen reich bleiben und die Armen arm, die »Gebildeten« privilegiert und die »Ungebildeten« wo sie sind – auf dass die Sozialordnung gewahrt bleibe und der Markt unumschränkt walte. In der Welt der Rechten sind bestehende ökonomische Ungleichheiten »leistungsgerecht«.

Deshalb werbe ich dafür: Wir Demokraten müssen die AfD öffentlich inhaltlich stellen, wo immer sich die Chance dazu bietet! Und inhaltlich meint, ihre Argumente sowie ihre Argumentationsmuster anzugehen. Politischen Dialog muss man immer führen – wenn man damit nicht das Geschäft der Rechtspopulisten betreibt. Wichtig ist hier: Haltung zeigen und nicht einen Millimeter einknicken gegenüber den Rechten.

Wir kennen die Sorgen von Menschen, wir können sie klar adressieren und zeigen, wie wir sie lösen. Dazu müssen wir Demokratinnen und Demokraten immer laut sein und widersprechen, wenn ihre Akteure sich gemein machen mit den Neonazis der NPD und den Fremdenfeinden von Pegida, wenn sie sich menschenfeindlich oder gar rassistisch äußern und sich gegen ein friedliches, tolerantes Zusammenleben wenden. Mir ist hier wichtig: Ich will nicht die Wählerinnen und Wähler beschimpfen, sondern die Funktionärinnen und Funktionäre dieser Partei stellen. Rechtspopulisten müssen mit allen friedlichen politischen Mitteln, mit aller Härte und Konsequenz bekämpft werden. Ich bin überzeugt: In einer Gesellschaft, die feindlich gegenüber Menschen agiert, die nicht ins Bild passen, weil sie schwarz, arm oder behindert sind, will doch eigentlich niemand leben, weil jeder weiß: Ich könnte der Nächste sein, der ausgegrenzt wird.

Und: Niemals darf man sich den Ressentiments der Rechten anbiedern, weder in der Rhetorik noch im Handeln. Aus Nachbarländern wissen wir: Wer mit in den Misthaufen greift, zum Beispiel Koalitionen mit Rechten eingeht, riecht auch danach – und darf sich nicht wundern, wenn dann auch das Vertrauen der verbliebenen

Wähler wegbricht. Man muss den rechten Stammtisch den Rechten überlassen.

Hier haben auch die Konservativen eine Mitverantwortung. Teile der Union nehmen billigend in Kauf, dass die AfD stark wird, weil sie wichtiger finden, linke Mehrheiten zu verhindern als Anti-Demokraten aus den Parlamenten zu halten. Das ist mehr als gefährlich!

Denn der Rechtspopulismus wirkt ja bereits. In Deutschland ist eine deutliche Verrohung des gesellschaftlichen Klimas mit Händen zu greifen. Politiker werden mit Hass- und Drohmails der allerübelsten Sorte bedacht. In den sozialen Netzwerken tummelt sich ein organisierter rechter Mob, der seinen Hass über alles auskübelt. Noch schlimmer ist es für die ehrenamtlich Engagierten in einigen Kommunen, die plötzlich um das Leben ihrer Familie fürchten müssen, weil sie sich gegen Menschenhass stellen. Wir müssen uns klarmachen: Wo Andersdenkende eingeschüchtert werden, wo Menschen im Ehrenamt bedroht werden, wird aktiv und bewusst das demokratische Miteinander und die Möglichkeit zum freien Dialog und Meinungsstreit zerstört.

Es muss selbstverständlich werden, dass auch Straftaten, Hassbotschaften beziehungsweise strafbare Äußerungen im Netz gemeldet und konsequent verfolgt werden, damit rechte Hetze nicht zum achselzuckend akzeptierten gesellschaftlichen Konsens wird. Um es klar zu sagen: Hetze gegen andere Menschen, Nazi-Parolen und Gewaltaufrufe fallen nicht unter Meinungsfreiheit. Volksverhetzung ist eine Straftat!

Ich bin überzeugt: Unsere Demokratie ist stark genug, um die Agitation einiger Rechtspopulisten auszuhalten. Es gibt aber eine ganz klare Grenze: Bei Gewalt endet jede Toleranz!

Ein perfides Problem im Umgang mit der AfD ist die Inszenierung der Rechtspopulisten als Partei in der permanenten Opferrolle. Sie stellen sich selbst als Opfer der »Lügenpresse« oder der »Volksverräter« dar, sobald ihre Positionen politisch hinterfragt werden. Werden sie ausgegrenzt, sehen sie eine »Verschwörung« der »Systemparteien«. Der Populist mag Gegenargumente nicht, ja er dreht sie sogar um: als Angriff auf seine Meinungsfreiheit. Dabei verkennt er: Zwar hat jeder das Recht auf freie Meinungsäußerung. Aber niemand hat das Recht darauf, dass seine Meinung unwidersprochen bleibt! Im Gegenteil: Widerspruch ist, wie Streit um die beste Lösung, das wichtigste Mittel im demokratischen Diskurs, solange die Grundbedingung anerkannt wird, das freiheitlich-demokratische Prinzip. Die AfD aber erfindet einen Opfermythos, man lebe in einem »Unrechtsstaat« und gehöre zu den wenigen »aufrechten Demokraten«. Parteifunktionäre entblöden sich nicht einmal, sich selbst als »Befreiungskämpfer« oder gar als »Dissidenten« zu bezeichnen. Damit zweifeln sie subtil die Legitimität der bestehenden staatlichen Ordnung an. So wird allen Sympathisanten schleichend das Gift eingeflößt, anderen zuzuhören und Argumente zu wägen sei nicht mehr notwendig. Der Kompromiss als Kategorie findet bei der AfD keine Anerkennung. Ohne ihn wird aber die Befriedung der sehr unterschiedlichen gesellschaftlichen Interessen nicht möglich sein.

Wo soll man also ansetzen?

Dialog bedingt Gegenseitigkeit. Nur wer bereit ist zum Dialog, also auch dazu, sich meine Argumente anzuhören, dem höre auch ich zu. Der österreichische Schriftsteller Robert Misik stellt deshalb berechtigterweise die Frage, ob überhaupt eine Strategie gegen die AfD erfolgreich sein kann. Ich glaube: Wir müssen es mit dem Glauben an die Kraft der Aufklärung versuchen!

Demokratie lebt vom Respekt vor dem anderen, vom offenen Wort, der Fähigkeit zum Kompromiss und vom Mitmachen. Das klingt einfach, ist aber oftmals schwer. Debatten um die bessere Antwort auf Probleme sind mühselig und langwierig, verbale Konflikte und das Ringen um die beste Lösung sind anstrengend, Kompromisse und kleine Schritte unpopulär. Trotzdem werbe ich für den mutigen Meinungsstreit, für die gelebte Debattenkultur.

Es braucht eine couragierte demokratische Zivilgesellschaft mit dem Mut zum Widerspruch. Dazu müssen wir Demokratinnen und Demokraten die Demokratie besser erklären und schon für die Kleinsten durch passende Programme zur politischen Bildung erlebbar machen. Austausch und Begegnung mit Menschen, die anderswo herkommen, anders glauben, lieben, wohnen als man selbst, hilft gegen Unverständnis, Angst vor dem Anderen oder gar Hass. Im Übrigen: Menschenfeindlichkeit ist weder klug, noch hilft sie gegen irgendein Problem.

Was niemand sich mehr leisten kann, ist, keine Meinung zu haben. Jeder muss wissen, ob er auf der Seite von Demokratie, Toleranz und Freiheit steht oder auf der Seite von Hass und Ausgrenzung. Dass das eine Zumutung für Menschen ist, die Debatten scheuen und sich ein einfaches Leben wünschen, ist mir klar. Ich sage ja nicht, dass jeder immer mitdiskutieren muss. Aber Demokratie braucht aktive, bekennende Demokraten. »Wenn du dich nicht um mich kümmerst, verlasse ich dich. Deine Demokratie« – der alte Spruch war selten so wahr wie derzeit. Demokratie zu haben ist keine Selbstverständlichkeit – das müssen wir uns immer wieder bewusst machen und auch unseren Kindern und Enkeln erklären. Wir brauchen deshalb ein »Bündnis aller progressiven Kräfte«, wie es schon Sigmar Gabriel im »Spiegel« gefordert hat. Anti-Nazi-Demos müssen gesellschaftlich breit getragene Bündnisse sein – und nicht nur getragen von ein paar linken Jugendorganisationen.

Die Konkurrenz von Utopien und Ideen ist in Demokratien etwas Gutes, denn sie beflügelt den politischen Streit um die bestmögliche Lösung. Dafür ist es wichtig, dass sich die demokratischen Parteien durch ein unverwechselbares Profil deutlich unterscheiden. Das meint auch: Echte politische Alternativen – kein Schlaftabletten-Wahlkampf für große Koalitionen, der nur dazu führt, dass Menschen die großen Parteien nicht mehr unterscheiden können.

Was die politische Herausforderung angeht, gilt es, den Bürgerinnen und Bürgern zu zeigen, dass die demokratische Politik, die Kompromisse und kleinen pragmatischen Fortschritt bedeutet, sehr wohl unterschiedlich ist zwischen Konservativen und Sozialdemokraten, also mitnichten »die da oben« »alle gleich« sind. Politik nützt nur, wenn sie das Leben der Menschen verbessert.

Progressive Politik muss deshalb Aufklärung leisten: das, was viele Wählerinnen und Wähler der Rechten vermeintlich schützen wollen, ihr Land, das einfache bisherige Leben, die Sicherheit des Arbeitsplatzes, ihr soziales Umfeld, wird eben nicht durch Nationalismus oder Ausgrenzung geschützt werden, im Gegenteil! Demokratische Parteien müssen Orientierung leisten: sachlich und lösungsorientiert auf die tatsächlichen Probleme, mit klarer und eindeutiger Haltung, in einfacher Sprache, die alle verstehen und mit Optimismus. Die Zukunft ist demokratisch gestaltbar und kann besser werden – wenn wir alle daran mitwirken!

Katja Suding

Arbeit statt Empörung – Die AfD in den Parlamenten stellen und zur Arbeit verdonnern

Die Empörung am Wahltag kennt meist keine Grenzen, und die Rituale wiederholen sich. Politiker aller Parteien, egal ob sie aus dem vermeintlich linken, sozialdemokratischen, konservativen oder liberalen Lager kommen, wundern sich über die Wahlerfolge der AfD. In Talkrunden halten wir uns dann gegenseitig vor, die AfD durch die Vernachlässigung bestimmter politischer Felder erst »groß« gemacht zu haben. Keiner dieser Vorwürfe hat bisher dazu beigetragen, einen Wähler der AfD davon zu überzeugen, bei einer kommenden Wahl sein Kreuz an einer anderen Stelle zu machen. Grundsätzlich wird das auch schwierig, denn die Erwartungen der Wähler an die AfD sind denkbar gering. Politische Leistung wird sie derzeit nicht überzeugen. Es geht ihnen nicht darum, konkrete Probleme zu lösen, Ungerechtigkeiten zu beseitigen oder Missstände zu bekämpfen. Die Menschen erwarten nichts von der AfD. Vielmehr wurden ihre Erwartungen durch die anderen Parteien schmerzhaft enttäuscht. Im Ergebnis sitzt die Alternative für Deutschland in acht Landesparlamenten. Das politische System ist – kurzzeitig – facettenreicher geworden. Ich bezweifle allerdings, dass dieser Erfolg von Dauer sein wird. Die Debatte über den Erfolg der AfD erzeugt bei mir regelmäßig ein Déjà-vu.

Schon nach den Erfolgen der Piratenpartei in Berlin, Kiel oder Saarbrücken war von der Entstehung einer weiteren politischen Kraft abseits des klassischen Parteiensystems die Rede. In wenigen Jahren werden wir über die parlamentarische Präsenz der Piratenpartei nur noch im Präteritum sprechen. Die Piraten haben sich selbst erledigt, sie brauchten dafür keine politische Konkurrenz. Die Geschichten wurden oft erzählt: personelle Streitigkeiten, Konzeptlosigkeit, Überforderung mit dem politischen Alltagsgeschäft. Gleichzeitig verfehlten sie ihre Wirkung in der politischen Landschaft nicht. Viel wurde in den anderen Parteien über die Piratenpartei geredet, Arbeitskreise zur besseren Beteiligung der Mitglieder wurden gegründet, und das Schlagwort Transparenz durfte in keiner Rede fehlen. Und so werden die Piraten letztlich dauerhaft ihre Spuren hinterlassen. Wenn auch nicht mehr in den Parlamenten.

Auch die Alternative für Deutschland wird es schwer haben, dauerhaft parlamentarisch Fuß zu fassen. Aber auch sie wird einen nachhaltigen Effekt haben und Bewegung in die politische Landschaft bringen. Das Parteienspektrum wird vielfältiger und bunter, das Klima aber auch rauer. Allein der Umstand, dass eine neugegründete Partei erfolgreich sein konnte mit dem Programm, Deutschland deutscher zu machen und weniger Zuwanderung zuzulassen, macht Sorgen. Das Projekt Europa lebt von Freiheit, Zusammenarbeit und Austausch – schränkt man all das ein, höhlt man die bereist erkämpften Errungenschaften der vergangenen Jahrzehnte aus und zerstört sie im Extremfall vielleicht sogar.

In der Analyse des Meinungsforschungsinstitutes Infratest Dimap gaben 93 Prozent der AfD-Wähler in Baden-Württemberg an, »die AfD löse keine Probleme, nenne die Dinge aber beim Namen.«[1] Lösungskompetenz wird ihr hingegen nicht zugeschrieben. In der gleichen Analyse begründen 70 Prozent der Alternativwähler ihre Entscheidung mit einer Enttäuschung über andere Parteien.

Man könnte nun glauben, die Parteien könnten sich zurücklehnen und müssten die Erfolge der AfD kurzzeitig hinnehmen, letztlich würden sich diese auch von selbst erledigen, denn der Bürger käme sicherlich irgendwann zu Vernunft.

---

1 Vgl. https://wahl.tagesschau.de/wahlen/2016-03-13-LT-DE-BW/umfrage-afd.shtml

So einfach ist die Welt aber nicht. Derzeit sitzen auf 102 Sitzen in den Landesparlamenten AfD-Vertreter. Ihnen stehen Ressourcen zur Verfügung, und sie haben einen verfassungsgemäßen Auftrag an der politischen Entscheidungsfindung mitzuwirken. Abwarten und Aussitzen wird dieser Situation nicht gerecht.

Empörung allerdings auch nicht. Die AfD ist durch mehrere Landtagswahlen demokratisch legitimiert und deswegen Bestandteil unseres politischen Systems. Dies gilt es zu akzeptieren und in die tägliche Parlamentsarbeit mit einfließen zu lassen. Sollten sich ihre Abgeordneten selbst disqualifizieren durch Verhalten und Meinungen, die weder rechtstaatlich sind noch in gewählten Vertretungen angebracht sind, werden die Landtagspräsidenten/-innen dagegen vorgehen.

Mit der Aufnahme des Parlamentsbetriebes fluten Nachrichten und Schlagzeilen wie »AfD-Eklat im Landtag«[2],»AfD sorgt bei Debatte über Antisemitismus für Eklat«[3], »Eklat in Thüringen: AfD-Mann beleidigt die Grünen und fliegt aus dem Landtag«[4] oder »AfD sorgt für Eklat bei Flüchtlingsdebatte«[5] den täglichen Nachrichtenmarkt. Dabei geht es häufig um gezielte verbale Entgleisungen und Grenzüberschreitungen oder den Bruch parlamentarischer Spielregeln. Als Reflex darauf reagieren wir als politische Akteure meist nach einem vergleichbaren Schema. Mit Empörung und einer gehörigen Portion Ekel benennen wir medial den Tabubruch, lassen uns in Zeitungen und TV-Beiträgen zitieren und wenden uns ab. Die parlamentarische Auseinandersetzung bzw. die Disziplinierung übernimmt in der Regel das Parlamentspräsidium für die Volksvertretung.

Klar ist, es gibt parlamentarische Regeln, die es grundsätzlich für jeden gewählten Abgeordneten einzuhalten gibt. Bricht man diese, wird man diszipliniert. Das ist richtig und vernünftig. Mit einer dauerhaften Empörung werden wir allerdings die Parlaments-

---

2 Vgl. http://www.mz-web.de/mitteldeutschland/landespolitik-sachsen-anhalt/sachsen-anhalt--afd-eklat-im-landtag-24162204 – 02.06.2016

3 Vgl. http://www.swp.de/ulm/nachrichten/suedwestumschau/Landtag-AfD-sorgt-bei-Debatte-ueber-Antisemitismus-fuer-Eklat;art1222894,3873606 – 10.06.2016

4 Vgl. http://www.focus.de/regional/erfurt/landtag-regierungsfraktionen-kritisieren-beleidigungen-durch-afd_id_5546819.html – 20.05.2016

5 Vgl. http://www.ndr.de/nachrichten/hamburg/AfD-sorgt-fuer-Eklat-bei-Fluechtlings-Debatte,buergerschaft438.html – 02.09.2015

frischlinge nicht davon überzeugen, diese Regeln anzuerkennen. Sie suchen unsere Empörung, um Relevanz für ihre kruden, oft menschenverachtenden oder schlicht faktisch falschen Behauptungen zu erzeugen. Wir müssen uns daran gewöhnen, dass die AfD uns braucht, um sich mit ihren Aussagen Gehör zu verschaffen. Die AfD sehnt sich nach unserer Empörung, um sich von uns abzusetzen und dies für ihre Wähler auch zu dokumentieren. Wir müssen uns an die verbalen Ausfälle gewöhnen und sie ignorieren, so wie man das Summen nerviger Mücken in der Sommernacht am besten ignoriert, statt ständig auf die Jagd nach einzelnen Tieren zu gehen.

Auf der anderen Seite gilt es, die AfD an den gleichen parlamentarischen Standards zu messen wie andere Fraktionen auch. Eine Analyse des Parlamentarischen Geschäftsführers der FDP-Fraktion in der Hamburgischen Bürgerschaft, Michael Kruse, zeigte ein Jahr nach dem Einzug der AfD in das Hamburger Landesparlament, dass Abgeordneten in etwa 70 Prozent der Ausschusssitzung mit Inaktivität glänzten und sich nicht einmal zu Wort meldeten. Wie bei jeder parlamentarischen Vertretung einer Partei gehören diese Fakten in die Öffentlichkeit.

Unsere gemeinsame Verantwortung als Abgeordnete eines Parlaments – egal ob auf kommunaler, Landes- oder Europaebene – ist die politische Gestaltung unseres Landes. Wenn sich einzelne Vertreter dieser Verantwortung entziehen, ist es unsere Pflicht, dies zu benennen.

In der gleichen Intensität, mit der wir Politiker uns empören, müssen wir die Argumente der AfD öffentlich und parlamentarisch entkräften. Die Verweigerungshaltung einiger Akteure – wie der Grüne Ministerpräsident Winfried Kretschmann im letzten Landtagswahlkampf in Baden-Württemberg[6] – schwächt letztlich die Position aller im Kampf gegen den billigen und plumpen Populismus der Alternative für Deutschland. Argumentativ wird die permanente Opferrolle, in die sich die AfD gern begibt, bestärkt. Es ist zudem ein Irrglaube, dass sich durch die Verweigerung von Diskussionen Meinungen oder Positionen ändern würden. Wir kommen nicht umhin, die AfD als politischen Akteur zu akzeptieren, dessen Meinung und Analysen wir konsequent ablehnen, den wir aber auf dem politischen Parkett akzeptieren werden müssen. Die

---

6 Vgl. http://www.sueddeutsche.de/politik/landtagswahlen-afd-darf-nicht-zu-den-wahl-talkrunden-des-swr-1.2824467 – 29.01.2016

Ablehnung von Vertretern der AfD in gewissen Gremien der Parlamente bedarf aus genau diesem Grund auch immer und konsequenterweise einer persönlichen und stichfesten Begründung. So geschehen im Urteil des Hamburgischen Verfassungsgerichts vom 19. Juli 2016[7]. Die Beschwerde der AfD wurde als unzulässig erachtet, da es sich im vorliegenden Fall eindeutig nicht um eine verfassungsrechtliche Streitigkeit handele. Einstimmig entschieden die Richter, dass die Hamburgische Bürgerschaft nicht auf Grundlage des Verfassungsrechts die Entsendung von Mitgliedern in die Härtefallkommission vorzunehmen habe, sondern nach einfachgesetzlichem Landesrecht. Damit ist der demokratischen Legitimierung genüge getan und der AfD, nebenbei bemerkt, ausreichend Medienpräsenz gewährt. Sie wird damit keineswegs ausgeschlossen, sondern ihre Teilnahme am demokratischen Prozess sogar sichergestellt. Ein Aussperren unliebsamer Meinungen ist keine Option im demokratischen Prozess. Andernfalls schaffen wir damit weiteren Nährboden, auf dem das Opferlamm AfD grast.

Nicht akzeptieren müssen wir hingegen, wenn sich Abgeordnete aus den Reihen der Rechtspopulisten billigem Ideenklau hingeben. Plagiate bei Parlamentsanträgen und Anfragen, wie bei Frauke Petry im Sächsischen Landtag[8] bzw. Jan Wenzel Schmidt im Landtag von Sachsen-Anhalt[9] oder gar das Abschreiben vollständiger fremder Redebeiträge, wie es bei Fraktionschef Poggenburg im Magdeburger Parlament öffentlich wurde[10], gehören mit der gebotenen Sachlichkeit in die öffentliche Debatte. Eine kurzfristige Abkehr der AfD-Wähler darf man deshalb gleichwohl nicht schlagartig erwarten. Aber diese Fakten komplettieren das Bild einer AfD, der es nicht an der Problemlösung gelegen ist. Gerade Enttäuschungen durch das politische System waren vielfach Ausgangspunkt einer Wahl-

[7] www.hamburgische-buergerschaft.de/nachrichten/6574678/verfassungsgericht-lehnt-afd-antrag-ab/ – 21.07.2016

[8] Vgl. http://www.berliner-zeitung.de/politik/plagiat-im-saechsischen-landtag-afd-chefin-frauke-petry-kopiert-antrag-der-linken-23522252 – 03.02.2016

[9] Vgl. http://www.mz-web.de/mitteldeutschland/landespolitik-sachsen-anhalt/plagiat-im-landtag-afd-kopiert-anfrage-der-linken-24242686 – 16.06.2016

[10] Vgl. http://www.volksstimme.de/sachsen-anhalt/afd-beim-abschreiben-im-landtag-erwischt – 17.06.2016

entscheidung zu Gunsten der AfD. Die Arbeitsverweigerung ihrer Vertreter wird die Lebenssituation ihrer Wähler kaum verbessern. Es gibt folglich wenige Gründe für eine dauerhafte Bindung an die AfD. So wie es bei vielen Protestparteien in Verlauf der letzten Jahrzehnte bereits der Fall war.

Der Erfolg der AfD hat einen grundsätzlich positiven Effekt. Er hat Teile der Bevölkerung wieder politisiert und an die Wahlurnen gebracht, die verloren schienen. Bei den Landtagswahlen im März 2016 zog die Alternative für die Deutschland insgesamt 390.000 Nichtwähler[11] an die Urnen. Teilweise stieg die Wahlbeteiligung um knapp zehn Prozent. Auch wenn diese bisher Enttäuschten scheinbar schwer zu erreichen sind, haben sie (wieder) bewusst für eine politische Partizipation entschieden. Diese Menschen müssen wir künftig erreichen. Nur mit politischer Empörung wird dies aber nicht gelingen. Ein Teil des Erfolges der AfD liegt in der Fähigkeit der Partei begründet, Stimmungen und Problemempfindungen aufzunehmen und zu thematisieren. Aber die AfD hat diese Fähigkeit nicht allein gepachtet. Politik hat es in den letzten Jahren oder Jahrzehnten häufig versäumt, in direkte Dialoge einzutreten oder einfach mal zuzuhören. Vielen Menschen ist bewusst, dass es keine Schwarz-Weiß-Lösungen für viele Probleme gibt. Oftmals suggeriert ihnen das aber die Sprache einfacher Forderungen im Pressemitteilungsstil innerhalb des politischen Kontexts. Politiker müssen raus an die Menschen, sie dürfen sich nicht scheuen, auch mit schwierigen Situationen konfrontiert zu werden, auf die sie im Zweifel keine Antwort haben.

Im Zuge einer neuen Dialogbereitschaft sind 2016 selbstredend die Sozialen Medien von großer Bedeutung. Statt sich bei einem Shitstorm weg zu ducken, braucht es Mut zur Auseinandersetzung und die Bereitschaft, das eigene Argument auch bei Widerstand ,energisch zu verteidigen. Natürlich kostet dies Kraft und Energie. Zur Wahrheit des politischen Alltags gehört eben auch die dauerhafte zeitliche Belastung unseres politischen Personals, die häufig wenig Raum für zusätzlichen Aufwand lässt. Alternativen gibt es allerdings wenige. Bewegt sich Politik nicht weiter auf die Menschen zu, bewegen sich Menschen weiter von der Politik weg.

---

11 Vgl. https://de.statista.com/infografik/4493/afd-mobilisiert-nicht-waehler/ – 14.03.2016

Fazit

Die etablierten Parteien und ihre Vertreter, die in dieser Veröffentlichung vollumfänglich vertreten sind, müssen ihre Arbeit im Polit-Alltag weiterhin mit der gebotenen professionellen Kompetenz und Ruhe vollziehen. Sich über Politiker der zweifellos demokratisch gewählten AfD zu empören, ihnen reine Protesthaltung vorzuwerfen und zu versuchen, sie auszuschließen, ginge am Kern des Problems und einer sinnvollen Lösung vorbei. Man muss ihren Wählern und allen Wahlberechtigten des Landes zeigen, dass in diesem Lager oftmals wenig politischer Sachverstand und keinerlei Substanz versammelt sind. Dass sie nach dem erfolgreichen Einzug in acht Landesparlamente dort bisher keine konstruktiv arbeitenden Teilnehmer des politischen Prozesses geworden sind, sondern die Arbeit verweigern, andere Abgeordnete bepöbeln oder Anträge schamlos abkupfern. Dass überspitzte Problembenennung Credo dieser Partei ist, Problemlösung jedoch nicht. Dass die AfD keine politische Kraft für unsere Republik sein kann, sondern sie eine xenophobe Protestpartei bleiben wird. Und Protestparteien bleiben in der Regel bloße Modeerscheinungen, die radikal auf Missstände hinweisen und deren Abschaffung zu ihrem alleinigen Programm machen, darüber hinaus aber keinerlei Idee zur Aufrechterhaltung und weiteren Gestaltung der freiheitlichen Grundordnung bieten.

Die selbsternannte »Alternative für Deutschland« ist somit keine echte politische Alternative für unser Land. Ihre Einbindung in den politischen Prozess und unser Umgang mit ihren Vertretern aber unerlässlich. Demokratie bedeutet eben auch der rationale Umgang mit überzogenen und kruden Meinungen, die man nicht teilt, und der Versuch, diese gemeinsam zu überwinden.

Nachwort des Verlegers

Vormarsch der Rechtspopulisten

Warum sind die Rechtspopulisten in vielen Ländern der Erde auf dem Vormarsch? Sie benutzen Gefühle und Stimmungen der verunsicherten Unter- und Mittelschichten, deren Ängste mittels leicht verständlicher Parolen aufgeheizt werden. Die Brexit-Abstimmung ist das markanteste Beispiel. Ohne inhaltliche Konzepte vorgelegt zu haben, wurde das Volk gegen Einwanderer und die EU aufgewiegelt – befördert von führenden englischen Krawall-Medien. Beflügelt durch den Brexit sehen sich rechtspopulistische Akteure im Aufwind – unter anderem auch verursacht durch die spontane Proklamation der deutschen Flüchtlingspolitik ab Herbst 2015.

Die »Überfremdung« ist das in vielen europäischen Ländern vorherrschende Thema, das auch von der AfD und deren Begleitchöre aggressiv intoniert wird – jenseits der christlichen Grundstimmung im »Abendland«.

Viele Briten haben Nigel Farage von der UKIP geglaubt. Dieser Hasardeur hat sich nun verabschiedet – mit reichlich EU-Bezügen und Pensionsansprüchen im Gepäck. Boris Johnson darf nun als britischer Außenminister kaspern. Skrupellose Politprofiteure sind unterwegs, die vornehmlich Ältere und außerhalb von Großstädten wohnende BürgerInnen mit falschen Ansagen beeinflussen. Droht uns das auch vom AfD-Führungskader? In den Niederlanden ist Geert Wilders mit seiner Partij voor der Vreijheid schon seit Jahren erfolgreich. In Deutschland hat die AfD inzwischen in allen gesellschaftlichen Schichten Sympathisanten – und WählerInnen.

Ob nach der britischen Abstimmung der Druck auf die europäischen Institutionen und nationalen PolitikerInnen der Mitgliedstaaten ausreicht, die EU sozialer zu konfigurieren, kann bezweifelt werden. In etlichen Mitgliedstaaten wird heftig für die Erosion der europäischen Idee eines offenen und friedlichen Europas agitiert. Wobei auch die deutsche Austeritätspolitik sowie die Finanzierung spekulativ tätiger Banken und Hedgefonds, u. a. als Hilfe für Griechenland deklariert, entweder als unsozial oder als Geldverschwendung kritisiert wird.

Fühlen statt Denken

Verbiestert national gesinnte PolitikerInnen und deren WählerInnen sehen mit Scheuklappen auf das heimische Land. Das kann die gefühlte Gegnerschaft gegenüber »Typen« aus muslimisch dominierten Ländern gegebenenfalls bis zur aktiven Feindschaft wandeln. Manche Ältere fühlen sich inzwischen fremd in der eigenen Heimat und trauen den gewählten Volksvertretern nicht (mehr). Verunsicherte BürgerInnen sind besonders anfällig für radikale Parolen, denen auch Taten folgen können: »Genug geredet, ... !«

Auch die vielfältige Einflussnahme durch Erdogan auf rund zwei Drittel der hiesigen Türken (einschließlich der in Deutschland geborenen) verstärken diese Gefühle. Hinzu kommt das offenbar starke Bedürfnis etlicher Zuwanderer, sich mittels scheinbar religiöser Erkennungsmerkmale deutlich als anders Denkende zu präsentieren, was von manchen Einheimischen mit Befremden registriert und kritisiert wird.

Allerdings haben es CDU/CSU/FDP stets abgelehnt, sowie SPD/Die Grünen versäumt, das Einwanderungsprozedere gesetzlich transparent zu regeln und als gesellschaftlich akzeptiert zu etablieren. Es mangelt immer noch an der eindeutigen, weltweit bekannten Ansage, wer Einwandern darf – mit dem erklärten Ziel deutscher Staatsbürger zu werden. »Und nun haben wir den Salat« denken hierzulande offenbar nicht wenige, denn sehr viele geringer ausgebildete Menschen wollen nun in Germany leben – und wurden zeitweise unkontrolliert hereingelassen.

»Nothilfe« und Zuwanderung sei jedoch an Bedingungen zu knüpfen, indem die Asyl- und anderen Aufnahmesuchenden Deutsch lernen und sprechen sowie die Ordnung respektieren, in der sie künftig oder schon seit Generationen leben, wird von manchen Deutschen erwartungsvoll postuliert. Eingliederung dauert jedoch und verlangt auch von den Einheimischen Zugeständnisse und Veränderungswillen. Aber Veränderungen verursachen zunächst Angst und Ablehnung.

Besorgnis erregend ist der öffentlich geäußerte Hass auf demokratisch gesinnte PolitikerInnen. »Erschießen, Hängen« begleitet von übelsten Beschimpfungen und Morddrohungen gehören in radikalisierten Kreisen inzwischen zum normalen Repertoire – worauf Polizisten und Staatsanwälte allerdings selten reagieren. Völkisch motivierte Demagogen liefern in ihren Reden und Artikeln die Basis dafür. Auf diffuse Gefühlslagen zielend wird aggressiv, mit hohlen und falschen Parolen, jenseits der Wirklichkeit hantiert, ergänzt durch drastische Medienschelte.

Die AfD-WählerInnen sind zumeist keine Neo-Nazis, sondern überwiegend ängstlich-frustrierte BürgerInnen. Trotzdem könnte die AfD-Führung unsere demokratische Struktur zerbröseln, wie deren skrupelloses Auftreten belegt. Eine vermeintlich drohende Asyl-Katastrophe wird proklamiert, Attentäter mit islamischen Hintergrund verstärken dies, fungieren als Helfershelfer für Rechtspopulisten. Der Zweck heiligt die Mittel.

Die Zunahme rechtsextremer Straftaten auf Flüchtlingsunterkünfte hat sich personell ausgeweitet. Scheinbar normale BürgerInnen beteiligen sich nicht nur mittels radikaler Parolen an Pegida-Kundgebungen, sondern handeln kriminell gegen anders Denkende. Auf konstruierte Feindbilder werden gefühlige Probleme projiziert. Ob nun wahlweise die Flüchtlinge, der Islam, die »Lügenpresse« oder die EU an allem schuld seien, ist austauschbar und vordergründig.

Auch bei Gewerkschaftern finden AfD-Parolen Widerhall

Immer mehr ArbeitnehmerInnen und GewerkschafterInnen wählen »rechts« oder gehen gar nicht zur Wahl. Der rasante Aufstieg der rechtspopulistischen AfD erfolgte trotz (oder vielleicht sogar wegen) einiger Polit-Skandale und Spaltungen – teilweise durch vielfältige Medienberichte begleitet und dadurch wohl möglich befördert.

Es gelang auch den GewerkschafterInnen nicht, dagegen zu halten, zumindest die Wahlbeteiligung zu stabilisieren. Zuviel sozialpolitisches Porzellan wurde von der rot-grünen Koalition Schröder/Fischer zerschlagen – und liegen gelassen. Hinzu kommt die gefühlte oder tatsächliche Perspektivlosigkeit vieler Menschen. Abstiegsängste dominieren Alltagsgefühle. Wer sich bescheidenen Wohlstand geschaffen hat, bekommt Angst, diesen zu verlieren. Auch GewerkschafterInnen fragen sich, ob sie neben den Betriebsproblemen und Tarifverträgen politische Themen intensiver thematisieren sollten.

Was tun?!

Allerdings ignorieren gefühlsgesteuerte Menschen, die Glauben, nicht Wissen wollen, sachlich aufklärende Informationen. Denen muss auf deren Ebenen begegnet werden. Das ist für sozial und demokratisch gesinnte Akteure neu, gegenseitige Beschimpfungen sind eher üblich, vertiefen jedoch die ideologischen Gräben. Unaufgeregte Gespräche, in denen zunächst schwer verdauliche Ansichten geschluckt werden müssten, lassen nach einiger Zeit den wahren Kern der zeitweise aggressiven Besorgnis erkennen. Nicht Verständnis heucheln, sondern stille Kenntnis erlangen, um sich als Gesprächspartner mit zielorientierten Fragen den realen Gegebenheiten zuzuwenden.

Insgesamt eine kaum zumutbare Aufgabe, aber da die meisten AfD-WählerInnen derzeit als Protestwähler gelten können, ist deren ideologische Basis (noch) dünn. Sie wollen *jetzt* gehört werden.

Versäumtes erkennen

Während sich viele Unternehmen der handfesten EU-Vorteile bedienen, und diese finanziellen Erträge nicht missen möchten, orientieren AfD-Akteure oft gegensätzlich und verunglimpfen die EU, wobei deren Strukturen kaum bekannt sind. Vorurteile werden bedient, aber woher stammen diese? Wie und was wurde seit Jahrzehnten über die EU informiert? Wie entstehen Entfremdung und irrationales Verhalten? Wie können persönliche Begegnungen und Gespräche gefördert, dass Fremde in Bekanntes gewandelt werden? Muss denn über jeden Pups berichtet werden, wie wirkt das beim Wem, was ist objektiv wichtig und berichtenswert?

Auch PolitikerInnen sowie Journalistinnen und Journalisten dürfen sich diese Fragen stellen. Zugleich gilt es, nach der Analyse schnell und anders als bisher zu handeln. Damit wir uns nicht eines Morgens fragen müssen: **Wie konnte es dazu kommen?**

Klaus Kellner

Über die Autorinnen und Autoren

GESINE AGENA

Gesine Agena ist frauenpolitische Sprecherin von Bündnis 90/Die Grünen. Sie wuchs ab 1987 auf einem Bioland-Bauernhof im niedersächsischen Norden auf. Von 2009 bis 2011 war Agena Vorsitzende der Grünen Jugend, der Jugendorganisation von Bündnis 90/Die Grünen. Agena ist auch Mitglied des Bundesvorstandes der Partei.

DIETMAR BARTSCH

Dietmar Bartsch ist seit Oktober 2015 einer von zwei Vorsitzenden der LINKEN-Fraktion im Bundestag. Da die Fraktion der LINKEN die stärkste Oppositionspartei im Bundestag ist, bekleidet er somit die inoffizielle Position des Oppositionsführers. Er war zuvor Bundesschatzmeister und Bundesgeschäftsführer der PDS und der Linkspartei. Der 1958 in Stralsund geborene Bartsch trat 1977 in die SED ein und studierte zu DDR-Zeiten an der Akademie für Gesellschaftswissenschaften in Moskau. Bartsch wird seit vielen Jahren dem reformorientierten Flügel der Linkspartei zugerechnet.

ELMAR BROK

Elmar Brok gehört seit 1980 ununterbrochen dem Europa-Parlament an und ist dort das dienstälteste Mitglied. Der 1946 in Verl geborene CDU-Politiker ist Vorsitzender des Ausschusses für Auswärtige Angelegenheiten. Brok ist Mitglied verschiedener europafreundlicher Organisationen. Als Mitglied des EU-Parlamentes kennt er die rechtspopulistischen Abgeordneten aus verschiedenen Mitgliedsstaaten aus eigener Anschauung.

ALEXANDRA FÖDERL-SCHMID

Alexandra Förderl-Schmid ist seit 2007 Chefredakteurin der in Wien erscheinenden liberalen renommierten Tageszeitung »Der Standard«. Zusätzlich ist sie seit 2012 Co-Herausgeberin des Blattes und leitet den Internetauftritt derstandard.at. Von 1993 bis 2004 war die 1971 im österreichischen Haslach geborene Föderl-Schmid als

Deutschland-Korrespondentin in Berlin tätig. Sie ist auch Vorsitzende der Initiative Qualitätsjournalismus in Österreich und hat den Aufstieg der populistischen FPÖ in Österreich seit Jahrzehnten verfolgt, ist zugleich aber auch eine Kennerin der deutschen Innenpolitik.

MANFRED GÜLLNER

Manfred Güllner ist Leiter des von ihm 1984 gegründeten Meinungsforschungsinstituts Forsa, das zu den führenden Instituten Deutschlands zählt. Güllner, der 1941 in Remscheid geboren wurde und in Berlin lebt, ist seit 1964 Mitglied der SPD. Von der Partei erhält er keine Aufträge für Meinungsumfragen. Forsa beliefert unter anderem die Zeitschrift »Stern« und den Fernsehsender RTL.

ANTON HOFREITER

Anton Hofreiter ist einer der beiden Vorsitzenden der Fraktion von Bündnis 90/Die Grünen im Bundestag. Dem Parlament gehört der studierte Biologe seit 2005 an. Der 1970 in München geborene Hofreiter ist seit seinem 17. Lebensjahr Mitglied der Grünen. 2011 bis 2013 leitete er den Verkehrsausschuss des Bundestages. Im Juni 2016 veröffentlichte Anton Hofreiter ein Buch unter dem Titel »Fleischfabrik Deutschland: Wie die Massentierhaltung unsere Lebensgrundlagen zerstört und was wir dagegen tun können«.

FLORIAN KAIN

Florian Kain ist Redakteur Politik bei BILD. 1974 geboren wuchs er in Wolfsburg auf. 2005 kam der promovierte Medienwissenschaftler, der unter anderem ein Buch über die Geschichte des ZDF veröffentlichte, nach jahrelanger freier Mitarbeit fest zum Medienkonzern Axel Springer. Dort war er zunächst für das HAMBURGER ABENDBLATT tätig, für das er über Hamburger Landespolitik und ab 2009 als Hauptstadt-Korrespondent aus Berlin berichtete. 2010 wechselte er als Politischer Korrespondent zur WELT-Gruppe/BERLINER MORGENPOST. Seit 2014 ist Kain bei BILD – und berichtet schwerpunktmäßig über die AfD und die Unionsparteien. Florian Kain lebt in Berlin.

CHARLOTTE KNOBLOCH

Charlotte Knobloch ist seit 1985 Präsidentin der Israelitischen Kultusgemeinde von München und Oberbayern. 2006 bis 2010 war sie Präsidentin des Zentralrates der Juden in Deutschland. Bis 2013 bekleidete die 1932 in München geborene Knobloch auch das Amt der Vizepräsidentin des Jüdischen Weltkongresses (WJC). Charlotte Knobloch engagiert sich in verschiedenen nationalen und internationalen Organisationen und insbesondere für die Aussöhnung von Juden und Nicht-Juden.

ARMIN LASCHET

Armin Laschet ist Vorsitzender der CDU in Nordrhein-Westfalen sowie der CDU-Fraktion im nordrhein-westfälischen Landtag. Außerdem bekleidet der 1961 in Aachen geborene Laschet das Amt eines der stellvertretenden Bundesvorsitzenden der CDU. Von 2005 bis 2010 war er Minister für Frauen, Integration und Familie in Düsseldorf. Laschet entstammt einem konservativ-katholischem Milieu.

AIMAN A. MAZYEK

Aiman A. Mazyek ist seit 2010 Vorstandsvorsitzender des Zentralrates der Muslime in Deutschland und damit einer der wichtigsten muslimischen Vertreter in der Bundesrepublik. Er wurde 1969 in Aachen als Sohn eines syrischen Ingenieurs und einer deutschen Journalistin geboren. Mazyek gründete 1996/97 die Internetpräsenz islam.de und 2003 gemeinsam mit Rupert Neudeck die Organisation Grünhelme e.V., die weltweit beim Wiederaufbau von durch Krieg oder Naturkatastrophen zerstörten Schulen hilft.

FRANZ MÜNTEFERING

Franz Müntefering war Bundesvorsitzender der SPD, Chef der sozialdemokratischen Bundestagsfraktion, Vizekanzler und Bundesminister, unter anderem für Arbeit und Soziales. Ebenso war er als Landesminister in Nordrhein-Westfalen tätig. Der 1940 geborene Sauerländer gilt als einer wichtigsten SPD-Politiker im wiedervereinigten Deutschland. Heute leitet er den Arbeiter-Samariter-Bund als ehrenamtlicher Präsident.

PETER RADUNSKI

Peter Radunski ist ein renommierter Wahlkampfexperte und Politikberater. Das CDU-Mitglied hat zwischen 1976 und 1990 alle Bundes- und Europawahlkämpfe Helmut Kohls geleitet. Der 1939 in Berlin geborene Radunski war als langjähriger Bundesgeschäftsführer der CDU auch für zahlreiche Landtagswahlkämpfe der Union mitverantwortlich. Von 1991 bis 1999 war er Senator in Berlin. Radunski ist heute als Politikberater für die MSL Group tätig.

RALF STEGNER

Ralf Stegner ist seit 2014 stellvertretender Bundesvorsitzender der SPD. Zugleich bekleidet er die Ämter des Fraktions- und des Landesvorsitzenden in Schleswig-Holstein. Von 2003 bis 2008 gehörte er der schleswig-holsteinischen Landesregierung als Minister an. Stegner wird dem linken Parteiflügel der SPD zugerechnet. Er wurde 1959 in Bad Dürkheim geboren, ist verheiratet und hat drei Söhne.

KATJA SUDING

Katja Suding ist Vorsitzende der FDP-Fraktion in der Hamburgischen Bürgerschaft und stellvertretende Bundesvorsitzende der FDP. Die 1975 im niedersächsischen Vechta geborene Suding ist studierte Kommunikations- und Politikwissenschaftlerin und war von 2004 bis 2010 als selbstständige Kommunikationsberaterin in Hamburg tätig. Sie gilt als eine der Hoffnungsträgerinnen der FDP.

Die Herausgeber

© Thorsten Harms

Christian Nawrocki gründete 2009 die Agentur für Öffentlichkeitsarbeit Nawrocki PR & Communciation. Zu seinen Schwerpunkten gehört die Arbeit als politischer Berater. Der gebürtige Bochumer mit brasilianischen Wurzeln war zuvor für verschiedene Fensehsender und die Nachrichtenagentur dpa im In- und Ausland tätig. Nawrocki lebt und arbeitet in Hamburg.

Armin Fuhrer ist freier Journalist und Buchautor. Er hat zahlreiche Bücher zu Politik und Zeitgeschichte, darunter eine Biografie über den früheren Bundespräsidenten Christian Wulff und ein Buch über die Piratenpartei (gemeinsam mit dem Politikwissenschaftler Professor Stefan Appelius), veröffentlicht. Fuhrer hat mehr als 20 Jahre lang für führende deutsche Medien wie DIE WELT und FOCUS gearbeitet.

Der Verleger

© Frank Pusch

Klaus Kellner gründete 1988 seinen Verlag, um »Bücher für eine gerechte Arbeitswelt« zu veröffentlichen. Inzwischen sind noch andere Themen hinzugekommen, stets dem Motto verpflichtet, nützliche sowie unterhaltsam-informative Bücher herauszugeben. Der 1946 in Bremen geborene Kellner studierte an der Akademie der Arbeit in Frankfurt/Main sowie an der Harvard-Universität in Boston/USA. Von 1970 bis Ende 1986 war er als Gewerkschaftssekretär beim DGB und der ÖTV in Baden-Württemberg sowie bei der ÖTV Weser-Ems als Leiter des Bildungssekretariates tätig.

Rudolf Hickel, Johann-G. König:

EURO stabilisieren – EU demokratisieren

Aus den Krisen lernen

Das ist neu: Ein Wirtschafts- und ein Sozialwissenschafter formulieren gemeinsam, wie die EU und der EURO zugunsten der Menschen (und nicht des Kapitals) verbessert und konsolidiert werden können. Machbare Vorschläge zur Überwindung der zunehmenden EU-Skepsis und zur Fortführung des Integrationsprozesses. Informiert wird auch über die zahlreichen EU-Leitungsorgane und deren Kompetenzen. Wissen Sie Bescheid, wer was regelt, was auch für Deutschland gilt? Das Buch liefert Antworten.

288 Seiten, 14 x 21,5 cm, ISBN 978-3-95651-025-0, ***€ 16,90***
Auch als E-Book*: ISBN 978-3-9565-032-8*

jugend denkt um.welt (Hrsg.):

Tree of Hope

Wie wir die Welt verändern können

Erlebte weltweite Bedrohungen und Herausforderungen, unterschiedliche Lebensweisen und Lösungsansätze werden kompetent, ideenreich und verständlich in globaler Sichtweise dargestellt. 80 hochkarätige Wissenschaftler und Publizisten schreiben zu den Themenfeldern Klimawandel, Nachhaltigkeit und Zukunftsgestaltung. Es wird dazu angeregt, selbst tätig zu werden, als entscheidender Schritt im Reifeprozess eines jungen Menschen. Unterstützt wird das Projekt von Bundeskanzlerin **Angela Merkel, der Schirmherrin des Vereins.**

672 Seiten, Hardcover, 19,5 x 26 cm, 1.500 Fotos, beiliegende DVD mit Filmen über Umweltprojekte, ISBN 978-3-95651-063-2, ***€ 29,90***

Jan Kahmann:

Jagd auf menschliches Gold

Das deutsche Containerschiff *Taipan* wird 2010 vor der Küste Somalias von Piraten gekapert, die Besatzung von der niederländischen Marine befreit, die Piraten nach Hamburg überführt. Kapitän Jan Kahmann berichtet über den zweijährigen Prozess – sachlich und objektiv. Über die Kaperung und deren somalische Hintergründe, die Lebensrealität der Piraten, sowie Probleme, wenn ein deutsches Gericht über Ereignisse vor Somalia entscheiden soll.

Einzigartige Dokumentation und Studie zur Piraterie vor Somalia

470 Seiten, Hardcover, ISBN 978-3-95651-115-8, ***€ 18,90***

Prof. Dr. Jutta Berninghausen:

Indonesien verstehen

Ein interkultureller Leitfaden

Interkulturelle Studien Band 11

Die Konfrontation mit einer fremden Kultur ist spannend und erweitert den Horizont, jedoch kann sie auch Missverständnisse und Fettnäpfchen in sich bergen. Dieses Buch erklärt anschaulich die kulturellen Besonderheiten Indonesiens im Vergleich zu Deutschland und gibt Verhaltenstipps für das Privat- und Geschäftsleben. Den persönlichen Erfahrungsschatz bindet die Autorin mit unterhaltsamen Beispielsituationen und Anekdoten aus ihrer eigenen Zeit in Indonesien ein.

152 Seiten, A5, ISBN 978-3-95651-069-4, ***€ 14,90***
Auch als E-Book: ISBN 978-3-95651-086-1

Jürgen Bauer:

Die Fahrkarten bitte

Betriebsrat bei der Bahn – das letzte große Abenteuer

Nicht nur Pleiten, Pech und Pannen, sondern authentische Erlebnisse und überraschende Einblicke hinter die Kulissen eines Konzerns liefert dieser Real-Roman. Der Autor ist seit 20 Jahren Betriebsratsmitglied und hat oft Abenteuerliches erlebt. Ertsmalig werden Arbeit und Leben der Zugbegleiter/innen geschildert, wie Beschäftigte und Reisende unnötig leiden müssen.

208 Seiten, 12 x 20 cm, ISBN 978-3-939928-67-6, ***€ 9,90***
Auch als E-Book: ISBN 978-3-939928-95-9

Bücher aus dem KellnerVerlag Bremen • Boston

St.-Pauli-Deich 3 • 28199 Bremen • Tel. 0421 77866 • Fax 0421 704058
sachbuch@kellnerverlag.de • www.kellnerverlag.de

Johann-Günther König:

Friedrich Engels

Die Bremer Jahre 1838–1841

Friedrich Engels erlangte als Politiker, Ökonom und Philosoph Weltruhm. Seine Zeit in Bremen kann als Meilenstein seiner Entwicklung gesehen werden. Mit vielen Bildern, sämtlichen Bremer Briefen, Zeichnungen, Artikeln und literarischen Arbeiten: kritische, lehrreiche und humorvolle Zeugnisse einer vorrevolutionären Zeit, außergewöhnlichen Persönlichkeit und einer besonderen Stadt.

608 Seiten, 17 x 24 cm, Hardcover, ISBN 978-3-927155-91-6, ***€ 19,90***

Henning Lühr:

Drahtzieher und Kofferträger

Satirischer Wegweiser – Insiderjargon aus Politik und Bürokratie endlich verstehen

... ist das Anliegen von Staatsrat Lühr, der aus seinem eigenen Büroalltag weiß, wer »Häuptling Große Schnauze« ist und welche Ziele »Allround-Dilettanten« in »Bürokratien« verfolgen. Hier werden 500 Insider-Begriffe unterhaltsam-ironisch erläutert.

184 Seiten, 13,5 x 21 cm, Softcover, mit zahlreichen farbigen Abbildungen des Autors, ISBN 978-3-939928-82-9, ***€ 12,90***

Johannes G.F. Bruns:

Shakespeare – alle 35 Dramen

Zeithistorisch erläutert und ausführlich dargestellt. Für jedes Shakespearedrama werden auch Bezüge zu heutigen Geschehnissen erläutert und aktuelle Inszenierungen kommentiert.

288 Seiten, 14,5 x 22 cm, Softcover, ISBN 978-3-95651-081-6, ***€ 12,90***

Johann-Günther König:

Peanuts für die Hai-Society

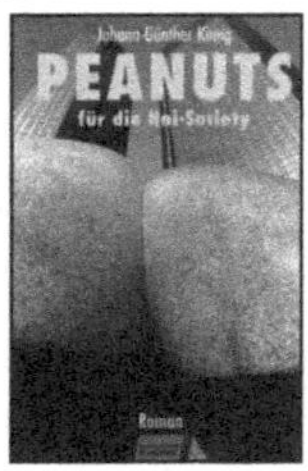

Ein faktentreuer Wirtschaftskrimi um das Immobilien-Pokern des H.-J. Schneider. Spannung und unterhaltsame Mischung aus Sex und Crime zwischen Frankfurt und Miami.

266 Seiten, Hardcover, ISBN 978-3-927155-26-8, ***€ 9,90***
E-Book: *ISBN 978-3-95651-026-7*

Erhältlich direkt beim Verlag sowie in jeder Buchhandlung (auf Bestellung)